基于职业分化视角的农民收入问题研究

刘乃安 著

Research on the Income of Farmer from
the Perspective of Occupational Differentiation

中国社会科学出版社

图书在版编目(CIP)数据

基于职业分化视角的农民收入问题研究 / 刘乃安著.
—北京：中国社会科学出版社，2020.3
ISBN 978-7-5203-5368-7

Ⅰ.①基… Ⅱ.①刘… Ⅲ.①农民收入-研究-中国
Ⅳ.①F323.8

中国版本图书馆CIP数据核字(2019)第230625号

出 版 人	赵剑英
责任编辑	朱华彬
责任校对	张爱华
责任印制	张雪娇
出　　版	中国社会科学出版社
社　　址	北京鼓楼西大街甲158号
邮　　编	100720
网　　址	http://www.csspw.cn
发 行 部	010-84083685
门 市 部	010-84029450
经　　销	新华书店及其他书店
印　　刷	北京君升印刷有限公司
装　　订	廊坊市广阳区广增装订厂
版　　次	2020年3月第1版
印　　次	2020年3月第1次印刷
开　　本	710×1000　1/16
印　　张	11.75
插　　页	2
字　　数	177千字
定　　价	68.00元

凡购买中国社会科学出版社图书，如有质量问题请与本社营销中心联系调换
电话：010-84083683
版权所有　侵权必究

目 录

第一章 导论 ··· 001
 第一节 选题背景与研究意义 ······································ 001
 第二节 概念界定 ·· 003
 第三节 研究目标与研究内容 ······································ 006
 第四节 研究方法与技术路线 ······································ 008
 第五节 学术贡献与不足 ·· 010

第二章 理论基础与文献评述 ······································ 013
 第一节 理论基础 ·· 013
 第二节 文献评述 ·· 018

第三章 改革开放以来农民收入变动 ································ 030
 第一节 农民收入变动的基本现状 ·································· 030
 第二节 农民收入变动的结构现状 ·································· 033
 第三节 农民收入变动的特点 ······································ 039
 第四节 本章小结 ·· 042

第四章 职业分化与农民收入 ······································ 044
 第一节 农民职业分化内涵及其变动规律 ···························· 044

第二节　农民职业分化现状 ·················· 050
　　第三节　职业分化与农民收入的关系判断 ·········· 058
　　第四节　本章小结 ························ 065

第五章　职业型农民收入增长分析 ················ 067
　　第一节　职业型农民及其收入的现实意义 ·········· 067
　　第二节　职业型农民收入现状 ················ 072
　　第三节　职业型农民收入增长潜力 ·············· 076
　　第四节　职业型农民收入增长影响因素 ············ 082
　　第五节　本章小结 ························ 088

第六章　兼业型农民收入增长分析 ················ 090
　　第一节　兼业型农民及其收入的社会意义 ·········· 090
　　第二节　兼业型农民收入现状 ················ 094
　　第三节　兼业型农民收入增长潜力 ·············· 098
　　第四节　兼业型农民收入增长影响因素 ············ 102
　　第五节　本章小结 ························ 107

第七章　农民收入增长的影响因素分析
　　　　——基于吉林省调查 ·················· 108
　　第一节　职业型农民收入增长影响因素分析
　　　　　——基于吉林省调查 ················ 108
　　第二节　兼业型农民收入增长影响因素分析
　　　　　——基于吉林省调查 ················ 120
　　第三节　职业型与兼业型农民收入增长影响因素比较 ······ 130
　　第四节　本章小结 ························ 136

第八章　我国的农民收入支持政策评析 ·············· 138
　　第一节　我国农民收入政策演变回顾 ············· 138

第二节　我国农民收入政策演变评价 ………………… 152
　　第三节　农民收入政策调整方向与政策建议 …………… 157
　　第四节　本章小结 ………………………………………… 163

第九章　主要结论与研究展望 ……………………………… 164
　　第一节　主要结论 ………………………………………… 164
　　第二节　研究展望 ………………………………………… 166

参考文献 ……………………………………………………… 168

后　记 ………………………………………………………… 179

第一章
导论

第一节　选题背景与研究意义

《关于加大改革创新力度加快农业现代化建设的若干意见》中强调，"中国要强，农业必须强；中国要富，农民必须富；中国要美，农村必须美"，说明农业、农村、农民问题仍然是国家工作的重点和百姓关注的热点。新世纪以来，国家连续发布了十多个"中央一号"文件来聚焦"三农"问题，然而，时至今日"三农"问题作为社会发展的瓶颈，问题依然很突出。究其原因，主要是由于我国农民人数多、基数大。中华人民共和国成立之初，人口5.4亿，近90%的人属于农民；改革开放之初，人口超过9.6亿，超过80%的人属于农民；2017年年末全国总人口超过13.9亿，城镇化水平也达到了历史的最高点，然而接近60%的人口仍然属于农村户籍，农村人口总量仍然很高[①]，即使若干年后，经济水平大大提升，农村人口大幅减少，其总量也不会少于2亿—3亿人，因而，如此庞大的社会群体，必须重点对待。另外，"三农"问题更是一个国家由传统社会迈向现代社会必然要解决的基本问题，即使是当前的发达国家也是在较好地解决了相关问题后得以顺利发展的。其实，诸多研究也都证实，"三农"问题的核心在于农民问题，而农民问题的核心在于收入问题，这也正是新世纪以来十多个"中央一号"文件直接以"农民增收"为主题的达到3个，而其

---

① 根据《中国统计年鉴》的相关统计数据，概算而得。

他"中央一号"文件都包含着"实现农民增收"的政策初衷的原因所在。

我国农业用世界1/20的耕地养活了超过世界1/5的人口,尤其是自2006年取消农业税并加大对农"反哺"以来,农民生活水平更得到明显改善,2017年全国农村居民人均可支配收入为13432元,比上年增长8.6%[①]。同年,吉林省农村常住居民人均可支配收入水平略低于全国,达到12950元,比上年增长6.8%[②],但农业内部也出现了耕地数量减少、质量下降、有效利用不足,农业水资源减少,和社会对农产品需求在增加、质量在提升,农业为社会提供安全高质产品的压力在增加等一系列问题,这不仅关系到温饱问题,更关系到粮食安全和国家稳定发展问题。除此之外,在农业现代化、农村城镇化的推动下,农业机械化水平在提高,加上农业比较效益低,导致农村青壮劳动力大量外流,许多农村出现了留守老人、留守妇女和留守儿童的生存结构,农业生产领域也出现了人才短缺问题。据《2017年国民经济和社会发展统计公报》显示,2017年我国流动人口达到2.44亿人,而全国农民工总量达到2.87亿人,比2016年增长了1.7%,其中,外出农民工1.72亿人,增长1.5%;本地农民工1.15亿人,增长2.0%。吉林省关于农村劳动力转移就业的目标也确立为到2020年,实现70%以上农村劳动力转移就业[③]。转移就业使农村富余劳动力更好地发挥了劳动价值,也给当前农业提出了新问题和新挑战,这些问题与挑战需要在农业现代化的道路上予以化解。

吉林省是国家重要的粮食主产区,尤其是随着有些省份从粮食外销省、自给省降为短缺省,使其在国家粮食安全上的地位更突出,这是吉林省自然条件与市场规律共同作用的结果,也是农民选择的结果,这也正是吉林省农民长期以农业经营性收入为主的重要原因所在。但当前农业内部

---

① 国家统计局:《中华人民共和国2017年国民经济和社会发展统计公报》,2018年2月,中国统计局官网(http://www.stats.gov.cn/tjsj/zxfb/201802/t20180228_1585631.html)。

② 吉林省统计局:《吉林省2017年国民经济和社会发展统计公报》,2018年3月,吉林省统计局官网(http://tjj.jl.gov.cn/tjgb/ndgb/201803/t20180328_3740524.html)。

③ 中央政府门户网站:《吉林省人民政府关于进一步做好为农民工服务工作的实施意见》,2015年7月,中华人民共和国中央人民政府官网(http://www.gov.cn/zhengce/2015-07/23/content_5046643.htm)。

的增收挖潜难度较大，影响了粮农的种粮积极性，粮食有效供给不稳定，不利于粮食安全，这势必将对我国实现全面小康社会和中等发达国家收入水平的发展大局造成影响。

基于以上思考，本研究认为，农民收入问题仍然是了解农业、农村、农民问题的重要抓手，也是反映"三农"问题解决程度的重要指标，尤其是当前中国的城市化进程已经步入加速期，农民在进行职业分化，尽管这个过程可能不会很快，然而，农民的就业结构在变化已经成为了事实，他们也呈现了不同的生产热情，其收入来源也正在变化。在这种背景下，再从一般角度来讨论农民收入问题已经没有新意，也不利于对问题的深入分析。因此，本研究将以职业分化为研究视角，对分化后的主要农民群体的收入与收入结构进行分类研究。从学术价值、理论意义来看，本书是对农民收入问题的细化研究，有利于对问题的剖析，所提出的问题和对策更具针对性和实践价值，也为农民增收政策的优化调整与完善进行探索。同时，本研究对增强农业综合生产能力，加快农村发展，促进农民增收，推进农业现代化也具有积极意义。

第二节 概念界定

一 农民收入

农民收入是和城镇居民收入相对的另一社会群体收入，因发展中国家的农民往往更是社会的弱势群体，城乡收入差距更大、问题也更突出，所以，随着社会发展水平的提升，农民收入问题受到了更多关注。

农民收入一般由实物形态收入和价值形态收入两部分构成，过去主要类型是指农民纯收入，现在为了更准确地体现农民可以用于最终消费或储蓄的实际水平状况，因而，不再以突出经济效益状况作为主要目的，而是采用了农民可支配收入指标来衡量农民的收入水平；从构成上可以包括经营性收入、工资性收入、转移性收入和财产性收入等几部分，通常以经营性收入、工资性收入两类为主要构成，转移性收入和财产性收入在农民收入构成中占比普遍不高；从统计角度来看，通常以一年为单位进行统计。

总体上，农民收入是其劳动能力的重要体现形式，收入水平的高低将直接关系着他们的生活质量和生存发展等问题。

二 职业分化

职业是指个人在社会中所从事的作为主要生活来源的工作[①]，而分化是指性质相同的事物向不同的方向变化、发展[②]。结合"职业"与"分化"的上述定义，职业分化可以解释为社会发展进程中社会劳动者在就业层级、就业结构、社会分工上的变化，即劳动者就业领域在一、二、三产业上的变化，主要表现为农民中的"精英群体"外流、农业生产经营领域直接就业的劳动者数量减少且总体素质在调整、职业型农民培育等方面。在这个过程中，随着分化程度的加深，个人或家庭的主要生活来源或收入渠道将发生一定的变化，最终将导致个体及其家庭身份的变化。

就农民而言，古汉语《汉书·食货志》中谓之为"辟土殖谷曰农"，《辞海》从现代意义上定义农民为"直接从事农业生产的劳动者"，并界定农业为"利用动植物的生物机能，通过人工培育以取得产品的社会生产部门"[③]。可见，无论是从农民起源、传统观点，还是权威词典的解释，都可以看出农民的本义是以第一产业为主要从业领域的社会群体，是基础产业农业的直接从业者，他们作为食物生产者与主要供给者而存在。

然而，这种认识也并非一成不变。一方面，当前现代科学技术在农业领域的广泛应用，促使农业生产水平不断提高，当土地数量相对不变时，就促使农业领域调整就业结构。而今，在农业领域的就业岗位供给能力减弱的同时，非农产业的生产能力在增强，一个重要的表现即是对国民生产总值的贡献水平不断提升，能为社会提供更多的就业岗位，为农民就业选择提供了可能的空间。另一方面，应肯定职业分化也是农民自我理性选择的结果，这体现出农民在市场经济运作中作为市场主体进行理性抉择的特点，更是社会对农业就业结构进行调整的基本体现，符合社会发展的总体

[①] 《现代汉语词典》修订本，商务印书馆2000年版，第1616页。
[②] 辞海编辑委员会：《辞海》，上海辞书出版社1979年版，第627页。
[③] 同上书，第854页。

要求。

然而，不能将职业分化等同于农民非农化，因为这个过程中并不排除劳动者从外部进入农业的可能性，但当前，职业分化主要是指农民数量绝对减少的过程，以农民从农业生产领域转移到非农产业就业为主要表现。故本研究中的职业分化主要是指农民从农业生产领域向二、三产业等非农部门转移就业的分化行为。

三　职业型农民

职业型农民是指以农业经营性收入为主要收入来源的农业领域的实际经营群体。本书所界定的职业型农民的范畴将大于国家所提出的新型职业农民的概念。

2010年"中央一号"文件首次提出了"新型职业农民"概念，并做了"有文化、懂技术、会经营"的原则性界定，这类农民自然是我国农业未来发展的主力军，将承载着我国农业的未来和希望。但从现实来看，农业领域的很多实际从业者为农业发展做出了巨大贡献，承载了农业的基本生产任务，他们主要依靠农业经营方面的收入来维持个人和家庭的生存、生活与发展，目前还达不到"有文化、懂技术、会经营"的要求。

本书将目前在农业领域进行实际生产经营、以农业经营性收入为主要收入来源（超过家庭收入的50%）的农民均视为职业型农民的研究对象，不仅包括以家庭农场、农业经营大户或生产专业户等形式存在的占少数的农业适度规模经营主体，同时更包括以农业经营性收入为主要收入来源的其他小规模的经营者。又因以吉林省为主要研究对象，故更侧重对吉林省中部以种植业收入为主的粮食主产区的农民收入的研究。新型职业农民尽管比重低，但是将关系到农业发展的未来，是职业型农民研究的重要对象之一，自然也包括在职业型农民的研究范畴中。

四　兼业型农民

兼业型农民是与职业型农民相对的因就业选择上的差异而形成的另一类农民群体。这一群体在就业选择中基本对农业经营采取了兼业化操作，由家庭中的一部分劳动者从事土地经营，或部分时间从事土地经营，当然，也存在将家庭所承包土地的经营权进行部分流转的情况，而家庭的主要劳动力往往离开了农业经营领域，并进入了非农领域就业或主要时间和精力都放在了非农工作方面。从家庭经济来源来看，这些家庭的收入不再以农业经营性收入为主要渠道，工资性收入成为家庭收入的主要来源；从其职业选择的趋势来看，他们离农业的距离一般是渐行渐远，然而，他们一般都保留着集体承包地、农村宅基地等代表身份的农村权利与利益，即使他们中有少部分家庭在城镇拥有了住房，但户籍也并未发生变化。

因而，本书中的兼业型农民是指以工资性收入作为家庭的主要收入来源的农民群体（超过家庭收入的50%），他们是户籍在农村，对农业进行兼业经营或将土地部分转出，而家庭的劳动力主要从事非农性工作，主要依靠非农岗位的工资性收入保障个人和家庭需要的农民群体。

第三节 研究目标与研究内容

一 研究目标

（一）基本目标

将综合运用区域经济学理论、微观经济学理论、宏观经济学理论、农业经济学理论，构建研究的理论框架，从农民职业分化视角研究农民收入问题。在对农民收入基本现状分析的基础上，检验农民职业分化与农民收入之间的关联关系，进而分类并深入分析不同职业类型农民收入问题，实现在农民职业分化加速背景下，以粮食主产区吉林省为主要对象的农民收入问题的分类研究。

（二）具体目标

1. 揭示改革开放以来农民收入的变化及特点；
2. 分析农民职业分化的内涵与现状，检验农民职业分化与农民收入的关系；

3. 研究职业型农民收入和兼业型农民收入的现状与增长问题；

4. 述评支持农民收入增长的政策，并形成政策建议。

二 研究内容

鉴于以上论述，本书的内容将主要包括：

1. 改革开放以来农民收入基本变化分析

以统计数据查询为主要的数据获取方式，获取我国农民收入变化情况的数据，分析农民收入的基本现状与结构现状，揭示农民收入变动的特点。

2. 职业分化与农民收入分析

在厘清农民职业分化的内涵及变动规律的基础上，分析我国农民职业分化的现状，并运用灰色关联的方法检验职业分化与农民收入之间的基本关系。

3. 农民收入的分类分析

本书主要以吉林省为地域载体，从职业型农民收入增长和兼业型农民收入增长两大部分分类深入，合计由三章内容组成。其一，主要围绕职业型农民的收入展开，以职业型农民及其收入的现实意义、职业型农民收入现状及其增长潜力与影响因素分析等为主要内容；其二，主要以兼业型农民的收入为内容，从兼业型农民及其收入的内在价值、兼业型农民收入现状及其收入增长潜力和影响因素等方面深入；其三，借助明瑟收入模型，以 Eviews 8.0 为分析工具对职业型农民和兼业型农民的收入增长影响因素做实证分析，并做对比分析。

4. 农民收入支持政策评析

从改革开放以来我国支持农民收入政策演变入手，寻找收入支持政策的演变阶段、主要成效、主要问题与调整方向，从政策环境上探寻职业分化趋势下农民收入的增长问题，也能为政策建议提供启示，并提出政策建议。

本书结构安排如图 1.1 所示：

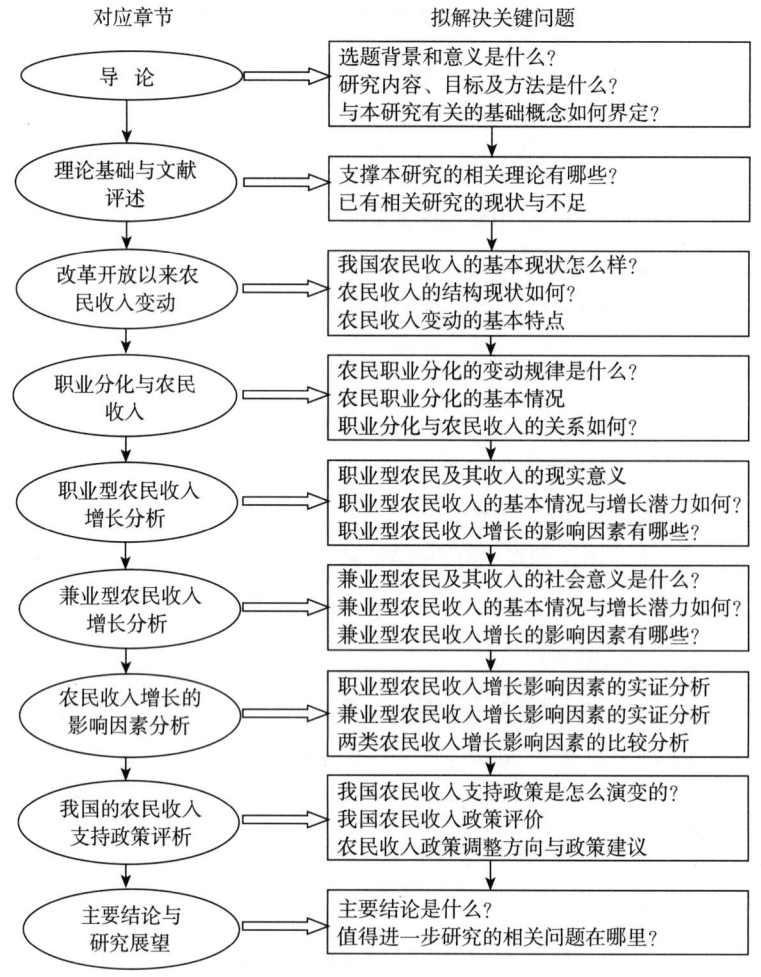

图 1.1 本书结构安排

第四节 研究方法与技术路线

一 研究方法

综合运用经济学的相关理论，结合研究目标及内容，以国内外已有的相关研究成果为研究基础，以实地调研为重要手段，适当运用数理分析方法建模，借助统计软件进行数据处理，深入分析职业分化下不同职业类型农民的收入问题，实现对农民收入问题的分类研究。主要方法如下：

1. 比较分析法

本书大量使用比较分析法，比如：将农民收入情况从全国、四大区、中外等多个角度进行对比分析；将职业型农民与兼业型农民的收入及其增长问题做对比分析等。

2. 问卷调查法

主要针对第五章职业型农民收入增长分析、第六章兼业型农民收入增长分析和第七章农民收入增长的实证分析方面，以调查数据为基础来分析收入现状，并从实证角度分析影响收入增长的因素问题。

3. 文献检索法

查阅中外相关文献资料，借鉴已有研究成果，寻找研究思路和研究方法。

4. 明瑟劳动挣得收入分析法

明瑟收入模型（也称为Mincer挣得函数）是由美国经济学家雅可布·明瑟（J. Mincer）于1974年提出，主要根据人力资本理论推导得出的研究收入决定的函数，其表达式如下：

$$LnY = Ln\left[W(S, X)\right] = \alpha_0 S + \beta_0 X_1 + \beta_1 X_2 + \varepsilon$$

即以教育年限S和工作经历X为主要因素，以揭示受教育水平、工作培训和工作经验等具有生产力特性的要素在劳动力市场上的报酬问题，是一个研究收入决定的模型。本研究中主要运用此模型完成职业型农民和兼业型农民收入增长的影响因素分析。

5. 灰色关联分析法

灰色关联分析的基本思想是根据序列曲线几何形状的相似程度来判断其联系是否密切，即序列曲线越接近，相应序列之间的关联度越大，反之就越小。此方法对样本量的多少和样本有无规律没有特别要求。本书用此方法分析农民职业分化与农民收入之间的相关性。

二　数据来源

本书所采用的数据主要来自：

1. 统计年鉴。中国统计年鉴、中国农业统计年鉴、中国农村统计年鉴、相关省份的统计年鉴。

2. 官方网站。中华人民共和国国家统计局网站、中国学术期刊网、中国优秀博硕论文网等相关网站。

3. 相关资料。文献资料、会议资料及政府部门资料。

4. 实地调研。如选取吉林省中部地区的曙光村、小荒村、柳蒿泉村、花园村等对农民收入进行实地调查与访谈。

三 技术路线

本研究的技术路线如图1.2所示：

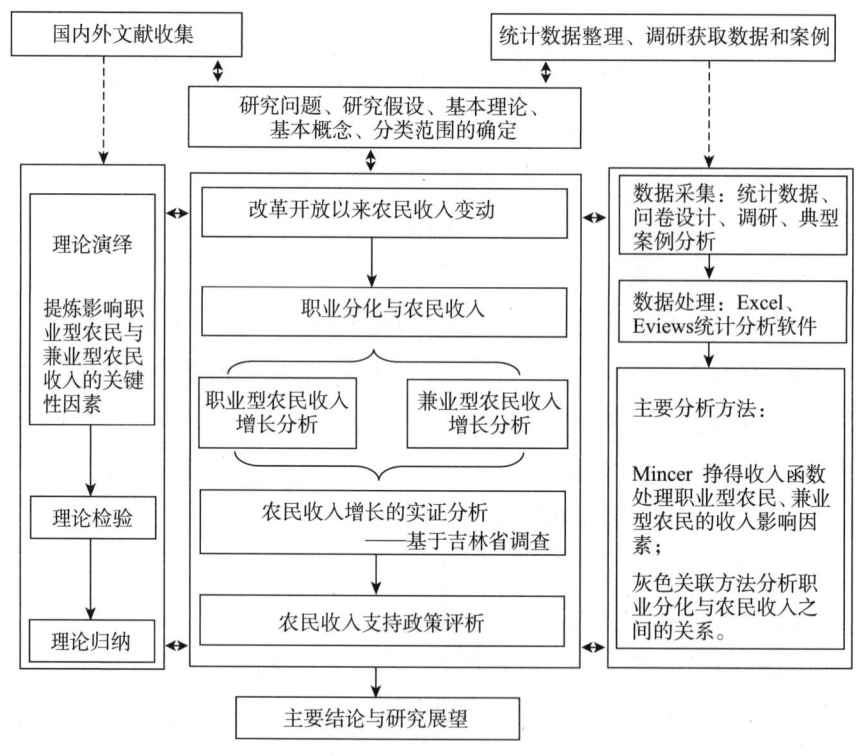

图1.2 技术路线图

第五节 学术贡献与不足

一 学术贡献

1. 农民职业分化背景下必须分类分析农民收入问题。农民职业分化行为已经成为社会现象,其对不同职业选择农民的收入水平与收入结构都产生了显著的影响。故分析农民收入问题不能再选择传统的分析视角,继续忽视农民职业选择上的差异给他们收入带来的重要影响,而应该结合农民家庭的主要职业选择情况进行分类分析,这样才能更好地揭示农民收入现状,更深入地反映农民收入问题,把握其实质。

2. 职业型农民的收入增长不能仅靠经营规模化,而应侧重于优化家庭经营结构和提高土地效率。职业型农民是以农业经营性收入为主要收入来源的农民,构建土地经营权的流转机制是推动农业经营适度规模的重要条件,也是提高其收入水平的一条根本路径,但就整体而言,这是一个长期的缓慢过程。原因在于,不可罔顾的农业人口、稀缺的土地资源国情和城镇对农业转出人口的接纳能力等因素,决定了在增加职业型农民收入的途径上,不可能将其经营规模做得太大,在土地资源分配方面(指流转中的市场分配),不易过度向少数农民手中集中较大规模的土地。要从国情出发,建立公平与效率的合理关系。既注重提高稀缺土地资源的单位生产率,又注重家庭经营结构的挖潜,优化农业的内部生产结构。

3. 兼业型农民的市民化道路漫长且将长期存在。兼业型农民的收入结构中具有农业经营性收入,然而,他们却是以工资性收入为主要收入来源的农民,农业的边缘化与市民化趋向是其重要的规划之一。然而,基于我国农业人口数量庞大的国情和城镇化水平的现况,兼业型农民的市民化道路将会经历一个漫长的时期,且将会在中国长期存在。这种现象单靠政策是不能完全解决的,是个人选择、经济发展、社会政策等因素综合作用的结果,需要尊重农民选择、体现农民意志、符合社会要求。

二 研究不足

农民收入问题具有系统性、长期性和复杂性,与农民职业分化结合,更增加了多样性,而且农民职业分化不仅受其主观能动性与素质制约,更受制于宏观经济形势和政策机制。本研究是依托吉林省横截面调查数据所做的一次将职业分化与农民收入结合的研究尝试,限于本人研究能力和时间上的限制,以及数据获取方面的困难和对数据处理上的限制,本研究还存在如下不足：

1. 随着农民职业分化程度的加深，户籍身份尚属于农民，但家庭收入已经不再包括农业经营性收入的农民群体将会增多，其收入状况值得后续关注。

2. 收入将受到多重因素影响，增加样本的时间变量和省域变量，有助于提高结论的普适性、稳定性，同样也值得后续跟进。

第二章
理论基础与文献评述

第一节 理论基础

本书以职业分化为视角,研究农民收入问题,研究思路的形成与研究过程将在以下理论的指导下进行。

一 农村劳动力就业转移理论

刘易斯—费景汉—拉尼斯的劳动力转移理论,由美国经济学家刘易斯最早提出,拉尼斯和费景汉发展了该理论。

刘易斯(W. A. Lewis,1954)[①] 把发展中国家的经济分为两个部门来做基本理论假设,即生产方式落后然而规模庞大的农业部门和技术水平先进然而弱小的工业部门。这两大经济部门中,农业部门的劳动生产率低,边际劳动生产率接近于零甚至负数,非熟练劳动力的工资水平低;工业部门从业人数少,但劳动生产率和工资水平都远高于农业部门。然而,经济发展不仅需要依靠城市工业的扩大,也离不开大量的劳动力与资本积累及技术进步的推动,因此农业部门的大量剩余劳动力就会存在"零值农业劳动"和隐蔽失业现象,在一个固定不变的工资水平下,便可以得到持续的劳动力供给,即劳动力供给的无限性。故农业部门的大量隐蔽性失业人

[①] Lewis, W. A., "Economic Development with Unlimited Supplies of Labor", *The American School*, Vol. 22, No. 2, 1954.

口，能够保证城市工业扩大所需的劳动力需求，固定不变的工资水平也利于维持工业的高积累。这种状况直到农业部门剩余劳动力被吸收完，劳动生产率才能提高，劳动者的收入状况才能得到改善。

刘易斯的理论将农业看作一个被动部门，影响了对现实问题的解释能力。费景汉（John-CH. Fei）和拉尼斯（Gustav. Ranis）认为，刘易斯理论主要存在两方面的不足：其一，农业在促进工业方面的重要性被忽视，这容易造成农业发展的停滞现象；其二，农业劳动力流动的先决条件应是农业本身的生产率水平提高且出现了产品剩余，没有足够的剩余产品的形成，就业非农化的农业劳动力就没有口粮和相应农产品的供应。因此，费景汉和拉尼斯改良了此理论，认为农业剩余劳动力向工业部门的转移将会经历无限供给、隐蔽性失业和商业化供给三个阶段，并肯定了农业的作用，强调促进工业和农业两个部门的平衡增长，有利于避免经济增长率的停滞，所以劳动从农业向工业部门的转移率必须高于总人口增长率。

美国发展经济学家托达罗（Todaro, 1969）[①] 依据发展中国家的经济现实，针对普遍存在的农村人口流入城市和城市失业同步增长的矛盾现象，对刘易斯—费景汉—拉尼斯的理论进行了改进，形成了新的农业劳动力流动模型。托达罗认为：（1）人口流动的基本力量是基于比较利益与机会成本的考虑，除了经济因素外，也包括心理因素；（2）预期城乡收入差异促使农村劳动力选择移入城市工作，而非现实收入。而预期差异由工资水平和就业概率两方面因素起作用；（3）获得城市非农性质工作的机会概率与城市失业率成反比关系；（4）存在人口流动率超过城市工作机会增长率的可能性，因为存在城乡预期工资差异大的现象；（5）托达罗反对片面强调优先发展重工业，他在强调增强城市创造就业机会能力的同时，主张农村经济的发展，创造农村的就业机会。

近年，我国在逐渐破除城乡二元体制，但城乡差别、工农差别还很明显，城乡居民在收入、消费等方面的差距还很大，农村的剩余劳动力如何

[①] Todaro, M. P., "A Model of Labor Migration and Urban Unemployment in Less Developed Countries", *The Amercan Economic Review*, Vol. 59, No. 1, 1969.

就业和有效利用的问题仍很突出。借鉴农村劳动力就业转移理论，一方面为农村劳动力的转移提供健全的保障制度，提高他们的劳动技能，增强劳动者的生存能力；另一方面用工业化推动农村城镇化、农业现代化、农民非农化的进程，提升就业岗位的供给能力和供给质量，使农村剩余劳动力大量的转移到工厂、城镇、第三产业，同时提高农业的比较效益和劳动生产率，从而促使农民增收、农业增效、农村稳定，建立起来城乡交融、统筹发展的联动机制。这一理论对农民职业分化行为具有积极的指导意义，也有助于促使社会改善就业环境与就业质量，拓展农民的增收空间。

二 产业结构演进与工农关系理论

"克拉克定理"和"库兹涅茨定理"是产业结构演进理论的主要代表理论。英国经济学家克拉克（John Bates Clark）的分析主要基于劳动力在产业之间就业变化的实证分析视角。克拉克认为，随着国民收入人均水平的逐步提高，社会劳动力首先会由第一产业部门向第二产业转移；当国民收入人均水平进一步提高时，社会劳动力将向第三产业转移。总趋势将是劳动力在第一产业的数量减少，而在第二、第三产业的数量增多，最终全社会将形成在第三、第二、第一产业就业的比重依次减小的分布格局，即为"克拉克定理"。美国学者库兹涅茨对此问题的分析，主要基于对欧洲主要国家的长期的统计资料的收集和整理。他认为经济发展中，三大产业的国民收入相对比重同劳动力比重具有不同的变动，其中，农业部门的国民收入相对比重同劳动力比重一样，呈下降趋势；而工业部门的国民收入相对比重呈持续上升趋势，其劳动力的相对比重大体不变或略有上升；服务部门的国民收入相对比重大体不变或略有上升，其劳动力相对比重上升幅度较大。后来，这一结论被称为"库兹涅茨定理"。

钱纳里把工业化进程划分为三个阶段，即根据人均收入水平分别划分为工业化初始期阶段、中期阶段与成熟阶段，其人均收入分别为280—560美元、560—1120美元、1120—2100美元[①]。其中，"以农补工"通常出现在

---

① [美] H. 钱纳里、S. 鲁宾逊、M. 赛尔奎因：《工业化和经济增长的比较研究》，吴奇等译，上海三联书店1989年版。

工业化前期，"工业反哺农业"一般始于工业化中期，并随着工业化水平的逐步提升，将随之加大反哺农业的力度，这个过程将会持续到工业化的中后期。国家发展的一般道路告诉我们，工业化的初期阶段，工业发展还无法通过自身循环来完成资本积累，推进工业化更需要借助与汲取农业的剩余。然而，在工业化推进的过程中，工业的自我积累与发展能力将会得到不断的提高，农业部门作为剩余积累的角色就在逐步转变。日本著名的经济学家速水佑次郎也曾指出，随着国民经济中农业份额的持续下降，政府应该逐步加大对农业的保护力度并调整农业种植结构，所发展的农产品生产应适应需求结构变化的要求。显而易见，此理论告诉我们在工业化初期阶段，农业支持工业发展具有必然性，而当工业发展到一定程度后，实现工农业的平衡发展直至实现工业对农业的反哺也具有其必然性。

农民是基本食物的生产者和供给者，为社会和国家做出了巨大贡献，也对工业发展和城市繁荣具有保障作用。但长期以来，由于体制、政策等方面的因素，农民利益受损严重，要实现农民收入的可持续增长，尤其是职业型农民收入的增长，政府必须加大对农"反哺"力度，坚持对农政策支持。产业转移与工农关系理论为政府制定支持农民就业结构调整和促进农民增收的政策提供了有益启示，对开展本研究具有较强的指导价值。

三 区位优势理论

（一）区位优势

区位优势即某一地区在经济发展中客观存在的有利条件或优越地位。主要包括：自然资源、地理位置、政治、社会、经济、教育与科技等方面的优势，属于综合因素作用下的结果。自然资源、劳动力、产业聚集、地理位置、交通等因素对地区区位优势具有决定作用，但区位优势属于发展的概念，随着有关条件的变化也会发生相应的变化。在农业社会，土地资源是经济基础，能够决定农牧产品的产量，也会影响农牧业的集约程度、技术传播与市场距离，而且这也是区位优势的主要体现。工业革命后，随着新技术与新市场的出现，区位优势转为与技术、市场、政策、企业关联等方面上的优势。当然，进入知识经济时代后，区位优势的体现形式与之前又有不同。之后，美国经济学家保罗·罗默（Romer）解答了缺乏自然资源的国家未必是穷国的理论问题。在当今社会，知识与人的因素更是占据了主导地位。因此，培养或吸引具有教育、科技、人才等现代生产要素优势的人才，成为区位优势提高的关键。

（二）绝对与比较优势理论

英国古典经济学家亚当·斯密（Adam Smith）最早提出的地域分工理论是绝对优势理论的思想源头。斯密认为国家在进行国际贸易时，不同国家的不同产品可以进行成本之间的直接对比分析，在某种产品的生产中，生产成本最低的具有成本上的"绝对优势"。只有获得了成本上的绝对优势的厂商才值得组织该产品的生产，并开展国际交易，而对不具备绝对优势的产品，国家应该在生产上对其进行保护。此理论开创了区域与产业分工的基础，然而，根据此理论，那些不具备任何产品优势的区域将不能参与区际合作，因为在合作中无法实现利益，故此理论不利于经济欠发达地区的经济发展。

同为古典经济学家的大卫·李嘉图（David Ricardo）所提出的地域分工理论是比较优势理论的思想来源。李嘉图认为在国际贸易中，生产者若处于劣势地位，也依然可以根据其具有的相对优势来从贸易中获取相应的收益。该理论认为，当某国在两种商品生产上与其他国家相比较中均为绝对劣势时，只要其劣势程度有差异，且处于优势的国家其优势程度在两种商品上也有所区别，则处于劣势的国家可以选择生产劣势小的商品，也相当于具有了在此产品生产上的比较优势，而处于优势的国家则可以选择优势较大的商品生产，比较优势将更明显，从而两个国家也可以进行分工与贸易，且都能从贸易中获益。比较成本理论为自由贸易提供了有力证据及更大的发展空间，形成了不同主体之间发生国际贸易的又一个重要的起因。直到目前，比较成本优势理论对许多国家尤其欠发达国家制定国际贸易方面的政策仍然具有积极的指导作用。当然，比较成本优势理论也存在考虑因素单一与静止状态分析等模型不足，影响其应用程度。

（三）要素禀赋论

要素禀赋论是指赫克歇尔－俄林理论（Heckscher-Ohiln theory，简称

H-O 理论），由赫克歇尔首先提出。此理论主要通过相互依存的价格体系中生产要素的丰缺，从国际贸易产生与贸易类型的形成来分析，开辟了现代国际贸易理论的新篇章。萨缪尔森又发展了 H-O 理论，提出要素价格均等化学说，均推动了比较利益论的发展，对经济发展起到积极的指导作用。李嘉图、穆勒和马歇尔都假设两国贸易是物物交换，劳动生产率的差异是国际贸易的起因，而 H-O 理论假定两国交换是货币交换，用等量产品不同货币价格（成本）比较国家之间不同商品的价格比例关系，在两国劳动生产率相同的情况下，用生产要素禀赋差异解释贸易产生的原因、贸易商品结构及对要素价格的影响。此理论更好的认识到生产要素及组合在国际贸易中的重要地位，其结论更全面、深入，实用价值也更突出。但也存在所依据的假设为静态及忽略动态变化的经济因素等理论不足的现象。

农民职业上的分化与区位优势紧密相关，农民收入状况及其增收更是与地理区位密不可分，区位优势理论尽管以论证国家之间的贸易为主要内容，但对一个国家内的地区或地域之间的协作发展也具有很强的借鉴价值。对于本研究分析劳动力分化行为也具有一定的启示作用，有助于在研究中树立区域优势引领职业型农民收入增长和兼业型农民就业稳定机制的理念，对本研究具有一定的积极作用。

第二节　文献评述

一　国内研究评述

（一）农民收入现状分析

1. 农民收入基本现状分析

本书或从我国农民收入总体的发展形态着手，或从农民收入的内部构成着手，分析我国农民收入的基本现状。

王作成（1995）指出，我国农民收入经历了增长高速度、来源多元化，省际收入差距拉大等阶段。万年庆等（2012）根据结构和竞争偏离分量的优劣势将各省区分为收入快速增长型、收入增长滞后型、结构优势推动型和竞争优势推动型。张红宇等（2013）认为，当前农民收入可能迎来快速增长期,但制约农民增收的城乡、区域、群体及收入内部构成等结构性问题仍存在。许天骆(2012)认为,吉林省农民收入结构整体向好,但存在阶段性差异和结构性矛盾,横向比较差距大。钟钰、蓝海涛(2012)认为,在中高收入阶段,农民增收将面临经济发展方式转变、区域经济增长新格局涌现、劳动年龄人口趋紧、农村综合改革深化等问题,我国农民增收的主力是工资性收入,区域差异将缩小。关浩杰(2013)认为,我国农民家庭经营收入和工资收入增长率存在周期性波动,财产性收入增长率波动呈收敛趋势,转移性收入增长率与GDP增长率波动相似,具有周期性和滞后性。

2. 工资性收入对农民收入作用分析

孙慧钧(2007)认为,农民收入在三大区域间的差距是我国农民收入差距拉大的主要原因,其工资性收入是缩小三大区域内部、拉大三大区域之间农民收入差距的关键。马凌、朱丽莉、彭小智(2011)认为,非农业收入已成为江苏农民增收的首要来源,然而也受产业比较优势转换、城市化水平提高、就业结构与产业结构相匹配等因素影响。万年庆(2012)认为,农民的重要收入来源在逐步转为工资性收入,工资性收入在协调农民收入的区域差异上具有特殊价值。张茗朝(2016)认为,增加农民非农收入是吉林省农民持续增收的核心,也是缩小城乡收入差距的关键。

研究者或从全局或选择不同的区划作为研究的地域载体,对农民收入现状进行分析,在肯定成绩的同时,指出农民收入存在增长缓慢、渠道单一等问题,多数研究认同工资性收入在农民增收及未来发展中将起到重要作用这一观点。

(二)农民收入差异分析

判断农民收入状况的视角,其一是地域内部进行比较;其二即进行地域之间比较。城乡差距、地区差距是农民收入差异的一种重要体现。关于农民收入的城乡对比和地区对比也是已有成果的关注点。我国向市场经济转型过程中形成了具有"帕累托改进"性质的渐进式改革道路,但农村发展却越来越不平衡,地区间农民收入差异处在库兹涅兹"U型"曲线的中期阶段(樊丽淑,2004)。何宜强(2008)认为,随着我国经济的飞速发展,农民收入差距也在不断扩大,但地区差异显著体现在工资性收入和家庭经营性收入上。叶彩霞、施国庆、陈绍军（2010）认为，我国东中部的农民工资性收入和财产性收入的泰尔指数较大，而西部地区的财产性收入和转移性收入波动较大。万年庆等（2012）通过分析显示东部省区农民收入结构优势高于西部省区，但东部省区农民收入增速在降低，竞争劣势更突出，部分中西部省区竞争优势在增强，但结构优势不明朗。温涛、田纪华、王小华（2013）认为，东、中、西三大区域农民收入与消费的关系存在差异，中西部地区农民的"心理账户"明显。姜会明等（2017）指出，粮食主产区、粮食主销区、粮食产销平衡区三大功能区之间的农民收入区域间差距远大于区域内差距。

（三）农民收入主要来源渠道分析

郭庆海（1991）认为，吉林省具有发展粮食生产的自然条件和社会经济条件，粮食生产是吉林省特别商品粮基地县农民收入的主要来源。程国强（2013）认为，种粮收入是农民尤其粮食主产区农民重要的收入来源和种粮农民收入主渠道。

张车伟、王德文（2004）和叶彩霞（2013）认为，当前农民收入的重要组成仍是家庭经营性收入，然而，农民收入增长的主要源泉已由家庭经营性收入转为劳动报酬收入。劳动报酬收入和家庭经营性收入上的差异是我国东、中、西部地区农民收入构成差异的主要体现。

樊丽淑（2004）认为，非农工资收入是造成各地农民收入差异的主要来源，"就业机会"不平等是引起地区非农收入差异的原因，东、西部农村差距首先体现为制度差异，然后才体现为经济差异。叶彩霞、李晓庆、胡志丽（2010）认为，农民收入结构因城市化发生了质的变化，农民收入增长源泉转为主要依赖劳动报酬收入。叶彩霞、施国庆、陈绍军（2010）认为，不仅农民纯收入，各项收入来源的区域差异都在缩小；全国区域总差异以区域间差异为主导，工资性收入和家庭经营性收入是引起农民收入差异的主因。张凤龙、臧良（2007）认为，工资性收入已成为农民收入增长的主因。

农民收入来源问题是关系着实现农民收入增加的着力点问题，已有成果在此方面的研究观点主要体现在三个方面：其一，农民收入的主渠道还在农业内部；其二，农业收入仍占主体的同时，工资性收入的作用开始提升；其三，农民收入的主要来源已经是工资性收入，农民收入差距主要体现在工资性收入的差别方面。

（四）农民收入问题实质分析

如何界定农民收入问题的地位和在经济结构中的作用取决于用什么样的视角、从什么样的高度看待农民收入问题，对于调动增加农民收入的积极性有着显著影响。郭庆海（1997）认为，要从政治高度看待我国的粮食问题，不能完全在比较利益的驱动下，放松粮食生产，粮食主产区应变粮食输出为畜产品或加工品的输出，变粮食优势为经济优势。许天骆（2012）指出，农民收入可以综合反映其家庭的实际收入水平，也是衡量农村经济社会发展的重要尺度。张车伟、王德文（2004）认为，农民收入问题不是单纯的农业问题，而是与非农就业相关联的问题。如何解决农民的非农就业问题是农民增收问题的核心。何宜强（2008）也认为，农业剩余劳动力向非农部门就业转移问题是解决农民增收问题的关键。孟俊杰（2009）认为，农民收入问题是"三农"问题的核心和根本问题。马凌、朱丽莉、彭小智（2011）认为，农民收入低的问题成为我国经济发展方式转变、和谐社会建设的制约因素。吴振鹏、胡艳（2013）认为，增加农民收入是我国农业政策的首要目标。汤鹏主（2013）也认为，中央政策是农民收入增长的风向标。而程国栋（2005）认为，农民财产性收入在总收入中所占的份额低，但地位和作用特殊。

（五）农民收入与相关因素的关联分析

1. 农民收入与城镇化的关联分析

叶彩霞、徐霞、胡志丽（2010）认为，推进城镇化进程，农民各项收入得到不同程度的增长，工资性收入与城市化基本同比率增长，家庭经营性收入比例下降，财产性收入和转移性收入逐年增加，但比重甚微。城镇化对农民收入来源的影响程度自工资性收入、转移性收入、财产性收入、家庭经营性收入"依次"递减。杜华章（2011）认为，在城市化下江苏省农民收入增长及其结构发生了变化。王鹏飞、彭虎锋（2013）认为，城镇化可有效提高农民收入，但带动作用有区域差异。陈垚、杜兴端（2014）认为，城镇化与农民人均纯收入之间存在长期稳定的均衡关系和双向 Granger 因果关系。赵翠霞等（2015）认为，城郊失地农民家庭收入表现出明显的"极化"现象，其直接原因是收入来源不同，深层原因是社会资源和经济资源不同。

2. 农民收入与农村金融的关联分析

杨小玲（2009）认为，农村金融发展与农民家庭经营纯收入之间呈负相关，不存在 Granger 因果关系，农村金融发展效率是农民工资性收入的 Granger 原因。胡帮勇、张兵（2012）认为，农村金融发展、金融发展结构和金融分布密度对农业收入、非农业收入分别以消极、积极影响，而农村金融发展规模对农业收入、非农收入为正向影响，金融发展效率对其为负向影响。邓宏亮（2013）认为，农业信贷是农民人均纯收入增长的 Granger 原因，但对纯收入的增长具有滞后效应。

3. 农民收入与财政支农的关联分析

吴振鹏、胡艳（2013）证实，财政支农支出与农民收入之间存在正向拉动，对农民家庭经营纯收入和农民转移及财产性收入具有正向影响，然而，对工资性收入不具有显著影响。邓宏亮（2013）认为，江西省财政支农与农民人均纯收入之间存在长期的均衡关系，取消农业税后，前者成为后者增长的 Granger 原因。罗东、矫健（2014）认为，国家财政支农资金对改善农业生产条件和农民增收起到积极作用。姜天龙、郭庆海（2017）认为，玉米临储价格政策发挥了增加农民收入和粮食产量的双重作用，同时顾莉丽、郭庆海（2017）指出，玉米临储政策改革带来了农民收入显著下降等效应。

4. 农民收入与消费的关联分析

葛晓鳞、郭海昕（2010）认为，工资性收入对农民住房、文教娱乐用品及服务支出影响显著；农民的食品、衣着、交通、通讯和医疗保健等支出受家庭经营性收入的作用明显；转移性收入对农民家庭设备用品与服务消费的支出产生主要影响。温涛、田纪华、王小华（2013）认为，农民分项收入对消费作用的强度不同，分项消费支出的主要影响因素是家庭经营收入；边际消费支出倾向最大的是财产性收入，转移性收入主要影响农民基本生活需求。

已有成果基于农民收入的关联性角度，从与城镇化水平、农村金融发展、财政支农、收入消费等之间的关系研究农民收入问题，有别于就收入研究收入，具有系统观，对本书选取视角具有积极启示。

（六）农民增收影响因素分析

1. 侧重农业外因素。孟俊杰（2009）指出，影响京郊农民收入的因素是农村投资状况、农村劳动力就业结构、科技进步、土地流转等。李德伟（2008）认为，统一完善的城乡劳动力市场利于农民增收。孙华臣、王晓霞（2008）认为，从经济发展水平、国家财政支农支出、农产品价格指数、农村固定资产投资、经济体制变化等方面分析影响农民收入结构的因素。苏植权、冯杰（2012）认为，导致农民收入缺乏稳定性的因素包括：农业劳动收益低、农民就业环境不完善、财产和转移性收入偏低等。董婉璐（2014）认为，美国的农业保险体系、期货保值方式为农民提供了有效防范风险的安全网。陈利、朱喜钢（2015）认为，经济集聚对农民收入具有正向效应。

2. 侧重农业内因素。郭庆海（2001）指出，种植业投入产出比较高，单位耕地面积创造的价值低于发达省份，种植结构差别是导致吉林省农业经济效益低的重要原因，收入单一化影响农业经济效益提高。张立超、翟印礼（2010）认为，对粮食产量影响小的因素是机械动力和化学农药，而化肥用量及农业用水量增加利于提高粮食产量，塑料薄膜使用量增加不能有效提高粮食产量。张淑萍（2011）认为，农村生产要素流入城市，粮食基础地位与其财政投入不匹配，种粮收入对农民增收贡献能力低，工资性收入增长难也抑制了农民增收。姜天龙、郭庆海（2012）指出，源于耕地丰裕和单位收益增长、工业化滞后、支持粮食生产的收入政策等因素促成了吉林省以粮为主的收入结构。关浩杰（2013）认为，我国经济制度等因素对农民增收具有抑制作用，农民收入波动是农民家庭经营收入和财产性、转移性收入的 Granger 原因而非农民工资性收入的 Granger 原因。李娟（2013）认为，户主技能、生产性资产和有效贷款是决定家庭经营收入增长的显著性因素，劳动力和耕地数量与工资性收入之间具有正向关系。余长坤（2014）认为，农民收入和农用地集约利用水平之间存在着长期均衡关系，同时存在互为 Granger 因果的关系。

实践证明，如何实现农民增收是当前的难题，增收不仅涉及农民自身素质、农业内部结构、农村人文环境等相关问题，同时还离不开社会体制、经济环境、组织机制、服务体系、宏观环境及技术水平等因素。因此，影响农民增收的因素不能仅从农民自身找原因，应树立系统观，才能推动农民收入的协调增长、持续增收与稳定增长。很多成果关注了此方面，对于本研究开拓研究视角具有不同程度的帮助作用。

（七）农民收入增长对策分析

林秀梅等（2002）认为，调整农民收入结构应根据其结构特点，使农民收入更科学、更合理。孟俊杰（2009）认为，促进增收要坚持以人为本、整体增收、城乡统筹、可持续、市场导向和因地制宜等原则。杜华章（2011）提出，通过统筹城乡发展加大财政支农、提升工业水平、加快农村劳动力转移及实现区域协调发展等措施，使农民的收入结构更合理。张红宇等（2013）认为，实现农民增收要完善初次分配和健全再次分配，促进农民市民化，推进城乡一体化进程。

郭庆海（1991）提出，提高粮食经济效益、建立粮食发展基金、强化地方造血功能、发展"粮食基地＋畜产品基地＋食品加工基地"的多元基地模式。姜会明（2005）认为，立足资源优势发展农产品加工业必须注意处理好加工企业与农户之间的利益关系。曾令秋（2007）认为，应抓好工资性收入、家庭经营收入和调整国家财政对农民转移支付的方式和方向。姜天龙（2012）认为，增加粮食产量的可持续路径在于提高粮食生产效率，保持优势区和次优势区农户的种粮热情，鼓励剩余劳动力合理流转土地，培养种粮大户。程国强（2013）提出，探索主粮品种种植面积或交售商品粮数量挂钩的专项直补法，形成种粮不赔本、多种粮多赚钱的政策支持机制。

已有成果对增加农民收入路径的探索，有从农业内部构建增收对策的，也有从社会全局设计增收框架的，但随着社会发展和经济水平的变化，仍存在实际指导意义不强或对策建议与现实不能更好对接等一系列问题。

（八）农村职业分化问题分析

陆学艺（1989）对我国农民就业进行了分类。郭庆海（2000）认为，我国农民出现职业分化和收入分化，农村承包性经营和自营性家庭经营都将分化，形成工资劳动者、自营经营、雇工经营、私营企业主等群体。钱忠好（2008）认为，农村家庭出现非农就业也未必导致农地流转行为，会产生部分家庭成员非农就业、家庭内部分工、农户经营兼业化的结果。王宏英、赵志桥（2013）认为，农民分化水平的东西差距是地区差距的表现。

陈浩（2013）认为，失地农民群体经历就业模式转型，也呈现了职业层次上的分化，失地农民群体职业分化的核心因素在于人力资本，征地是失地农民职业行为构成的影响因素。李逸波、彭建强（2014）认为，农民职业分化表现出兼业化与流动性特点，农民个人、家庭及社区因素影响职业分化与城乡选择，受教育程度促进农民的职业分化。李颖晖（2014）认为，青年农转非分化为"选择性"与"政策性"两类，前者因升学等竞争性方式实现人力资本、政治资本，职业境遇的转变，能更好融入城市；"政策性"农转非是"村改居"等政策的伴生问题，故制度身份的市民化绝非市民化的终点。纪晓岚、程秋萍（2015）认为，传统城镇化催生了"失地农民"，新型城镇化产生"有地居民"。李逸波（2013）认为，专业化提高农民职业分化的人力资本投入收益率。陈会广、张耀宇（2014）认为，农村妇女出现留守务农与外出务工的二元职业分化，使她们在家庭土地流转决策中存在差异。

在加快推进农村城镇化、农业现代化中，农民从业群体出现了大变化，职业选择多样化、农业经营兼业化的倾向逐步加强，且在实际中已经成为不可逆转的趋势，这种变化对农民收入结构会产生重要影响。以上问题在一定程度上得到了已有成果的关注，但这些关注主要表现在分化类型与影响因素方面，将此问题与农民收入问题结合并做深入研究的成果很少。

二 国外研究评述

(一) 农民收入地位评价

Pierre-André Chiappori (1988) 改变了传统的家庭行为是追求效用最大化的目标,认为若代理行为是自利的,则家务劳动用品的意义就难存在。Biman C. Prasad (1998) 以斐济经济改革为例,认为发展中国家的贫困人数增加和分配不公是发展中面临的主要问题。Schultz TW (1965) 和 R. M. Sundrum (1992) 认为,贫困是相对的,贫困和过分不公平都是社会魔鬼。

(二) 欠发达国家农民收入现状

Thomas Reardon (1997) 认为,尽管农业劳动、农业经营性收入在粮食安全和农业投资中发挥重要作用,非洲从事非农工作的重要性显著,但工资报酬较低的现象也严重。Ryoshin Minami (1998) 做了战前与战后对比,认为收入分配机制和不平等程度出现了倒退的现象,战前支持了库兹涅茨假说,战后不支持。Azizur Rahman Khan and Carl Riskin (2001) 认为,中国政府公布的收入增加水平、脱贫水平和速度都偏高,中国的贫困水平和反贫困问题仍突出。Björn Gustafssona, Li Shi (2002) 认为,中国东部、中部和西部地区的多数县域内都存在城乡居民收入差距及县域间收入和发展不平衡问题,三个地区间收入分化严重。E. Mathijs 和 N. Noev (2004) 认为,中东欧的农业特点主要由高比率的小规模经营的农民来完成农业生产,属于维生型小农,制约农产品商品化。Peters P. (2006) 认为,马拉维是非洲最贫穷的国家之一,农业发展重点仍是刺激农村经济发展,保障粮食安全和提高农村收入。

全球农民收入的基本现状证实,高福利国家或发达国家已经基本不存在明显的城乡收入差距问题和农民收入增加滞缓问题,农民生存状态较差且增收难度大的问题主要集中在工业化水平较低或工业化中期阶段的国家,发展中国家尤其非洲等地区的农民增收困难问题更突出。这方面的成果对确立本研究的着力点与必要性等方面都有启示作用。

(三) 影响农民收入因素及影响机理

Andrew G. Walder (2002) 认为,中国改革开放后,并没有证据证明干部在社会收入结构中的优势被市场化改革所减少，但干部资源也并未垄断市场化改革的好处。市场化改革深刻地改变了中国农村经济发展的机遇，使从政和创业成为两条不同的成功之路。M. Marrit Vanden Berg、Huib Hengsdijk 等（2007）认为，中国农业部门的经济增长滞后于工业、服务业的增长，城乡收入差距不断扩大，但非农部门的发展提供了新机会，农民外出后将土地外租可增加收入，促进机械化使用。

Terry Sicular，Yue Ximing，Gustafsson B 等（2007）认为，"缩小"中国的城乡收入差距利于缓解不平等，家庭特征、住所位置是影响城乡收入差距的因素，其中家庭特征主要体现在教育方面，而禀赋差异、家庭规模、土地所有权和党员身份等不显性。B. F. Kiker 和 Maria C. San Tost（1991）分析了葡萄牙劳动力市场的劳动者素质与收益的关系，发现与其他类似国家的预期相符，性别在就业收入中产生了差异影响。Iddo Kan、Ayal Kimhi、Zvi Lerman（2006）认为，格鲁吉亚的禀赋和资源配置决策决定了农业产出和非农收入，农业产出和非农收入又反过来影响他们参与市场的积极性，其中农业产出影响参与市场的积极性，非农收入的影响为负；土地所有权对农业产出发挥了积极影响；教育对非农收入产生正效应。

可见，中国农民增收难题与其他国家的农民增收遇到了很多相似的问题，但其影响因素不稳定，影响机理也不完全相同。国外研究从不同的视角探索了此问题，涉及政治身份、非农工作、城乡差距、资源禀赋等内容，值得学习借鉴。

（四）农民收入与分配问题

收入与分配及其相关制度是紧密相关的，前者是农民个体收入状态的直接体现，后者直接关系到前者的水平和农民生存状况，这一问题受到了许多西方学者的关注。Friedman M.（1953）认为，原来的收入分配理论主要研究要素之间的分配问题，侧重产品的价格因素，对于产品在社会个体之间的配给关注较少，现代收入分配理论应关注个体的机会因素、选择因素，细化个体收入。Simon Kuznets（1955）分析了经济增长中个人收入分配是如何增减及收入不平等的影响因素。Nico Heerink、Marijke Kuiper、Xiaoping Shi（2006）借助村级一般均衡模型，认为中国收入支持政策没有促进粮食增加,而是促进了农民对收入支配方式的改变,并认为收入支持措施会降低村庄内收入,取消农业税扩大了村庄之间的不平等。Dragn Miljkovic、Hyun J. Lin、Rodneypaul(2008)认为,1973年以来美国农产品价格下降现象与农业相对生产率和直接补贴的稳步增长等支持农业收入的政策相关。Jame Sang(2009)分析了中国和印度的居民储蓄行为,表明高收入增长水平和高通货膨胀率能提升家庭储蓄,中国增加养老金福利会阻碍家庭储蓄行为,但印度与此相反。John. W. Mellor(1978)认为,食品价格政策对低收入国家的个人收入影响大。

(五)农民收入的关联问题

1. 教育对于提高农民生存能力和生存水平的作用。Schultz, Theodoer W(1970)认为,改造传统农业必须重视对农业劳动力的资本投入,加大对农民教育投资力度,增强生存能力。Meng, X(1995)认为,随着技术变革,教育在提高工资水平和农村非农部门的生产率方面起决定作用。

2. 农业劳动力职业选择与农民收入的关系性。Lewis, W. A.(1954)指出,农村劳动力向非农产业的劳动供给在工资水平不变的情况下,呈现无限供给现象,揭示了二元经济结构中收入分配与收入增长的变动问题。Fang Cai、Dewen Wang、Yang Du(2002)在新古典增长理论框架下,认为中国的劳动力市场扭曲对区域经济增长作用为负面影响。

3. 加入WTO对中国农民收入的影响程度。Azizur Rahman Khan和Carl Riskin(2001)以经济改革和全球化的视角,关注中国家庭收入不平等、家庭贫困问题。Kym Anderson、Jikun Huang、Elena Ianchovichina(2004)认为,中国加入WTO后,即使土地密集型农产品的生产价格下降,劳动密集型农产品和非农业产品的价格可能会上升,全球贸易分析项目(GTAP)也证实,中国非农收入差距可能上升,但城乡收入差距不会受到影响。

4. 关于农民风险防控机制的分析。Wang Yang(2010)认为,中国农民缺乏事后收入风险应对机制,主要依赖事前机制应对风险,保守战略和多元化战略能减少农民收入波动,但会导致低效率和穷富之间的收入差距扩大。

在一定意义上,农民收入问题是一个无国界的问题,任何国家在发展过程中均要面对。而对发展中国家来说,城乡收入差距更突出,农民增收难度更大，差距大通常意味着问题多，则亟待改善。国外研究成果从不同视角研究了农民收入及增收问题，涉及面广，研究方法多样，研究视角不一，结论也各有侧重，对本研究具有借鉴意义。但基于粮食主产区农民收入或以农民职业分化为主要切入点做农民收入研究的文献还很少。

从国内外相关文献来看，关于农民收入问题的研究已经取得了丰硕成果，为本书提供了研究框架和研究方法的启示。但以农民职业分化为视角的研究少，仍存在几方面不足：

第一，关于农民收入研究，多数成果基于之前形势对农民收入进行分析，对工业化、城镇化、农业现代化和加快农业供给侧改革背景下的农民收入问题研究不够。

第二，目前对农民收入的研究更多的是以一个国家作为研究范畴，从纵向分析收入增长的变动趋势，或从东部、中部、西部、东北部的四大区划进行横向比较，揭示收入差距，基于省情做深入研究的成果较少。

第三，吉林省作为国家重要的粮食生产大省，收入更关系到农民的生产积极性，更具代表性，但已有成果对粮食主产区的农民收入研究还不够深入，不够全面。

第四，目前，农民职业分化、农业兼业经营和适度规模经营并存将是发展趋势，会在一个较长时间内存在，这种状况对农民收入结构将产生的影响还有待于深入研究。

第五，当前关于农民收入研究，基本是在"农民是趋同个体组成的群体"假设下进行。有关当前农村社会变化及工资性收入对农民就业所产生的作用，尤其农民就业选择行为将给收入带来的效应还有很大的研究空间。

第三章
改革开放以来农民收入变动

"三农"问题是关系社会全局发展的基本问题之一,农民问题是"三农"问题的核心,而收入问题又是农民问题的关键所在,因此,农民收入问题可视为了解农民问题、"三农"问题的钥匙。在深化经济结构调整、加快农业供给侧改革背景下,面对农民职业分化加快趋势,农民收入的基本现状、结构现状与收入变动特征又如何?本章将围绕以上问题展开分析[①]。

第一节 农民收入变动的基本现状

收入是劳动者劳动能力的重要体现形式,收入高低将关系着收入对象的生活质量与再生产能力。英国经济学家凯恩斯(John Maynard Keynes)就将消费支出与收入水平相联系提出了绝对收入理论;1949年美国经济学家 J.杜森贝(J. Dusenbei)也将消费与收入水平结合,提出了相对收入理论;1957年美国经济学家弗里德曼(Milton Friedman)认为,居民收入包括了持久收入和暂时收入两部分,消费决定于持久性收入,并根据这种可预期的、连续的常规收入提出了持久收入理论。可见,收入问题一直是研究社会群体生活状况的一个重要手段。本节将从整体状况与内部分化上分析农民收入现状。

一 农民收入持续增长

20世纪90年代以来,我国的经济快速发展,农民收入也呈现持续增

---

① 本章部分内容已于《税务与经济》(2017年第2期)公开发表。

长趋势。其一，从收入的阶段性变化来看。1991—1996年的6年间，农民人均纯收入总体低于2000元，1997—2006年的10年间农民人均纯收入总体介于2000—4000元区间，2007—2010年的4年间我国农民人均纯收入达到4000—6000元，之后增速进一步加快，每隔2年农民人均收入增长2000元；2016年农民人均可支配收入达到12363.4元，比上一年度增长8.2%。可见，1991—2003年农民收入增长缓慢，虽然年均增长率达22.5%，但12年仅增长1913.60元，其中1998—2003年期间，农民收入年均增长率更仅为4.26%；2004年之后，我国农民收入进入了增长的快速期，虽然这一期间的年均增长率与1991—2003年间基本持平，但从3000元跨越到了10000元，农民收入增长基本实现了翻两番（见图3.1）。其二，从分地区的农村居民人均收入变化来看。图3.2显示出，1990—2016年，所有地区的农民收入都经历了增长缓慢期到增长快速期的变化，新世纪以来的增速明显加快。这一期间，不论发达省份还是欠发达省份的人均收入都呈现出逐步增长态势，而且分年度的各地区的农村居民人均收入折线图没有出现交叉现象，说明各地区的增长幅度在一定程度上具有相近性，高收入省份，比如：上海、北京、天津、浙江、广东、江苏等一直处于前列，而低收入省份，比如：西部地区的一些省份也长期处于各地区的后端，分地区的农村居民人均收入的高、中、低省份相对稳定，且均处于增长状态。

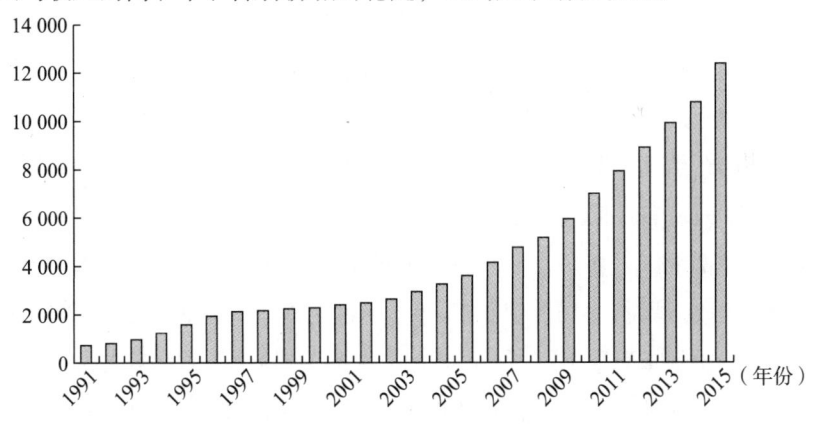

图3.1 20世纪90年代以来我国农民收入的基本变化

注：1. 资料来自《中国统计年鉴》（2017）；2. 因统计制度调整，2014—2016年数据采用农民人均可支配收入数据，其他年份为农民人均纯收入数据。下同。

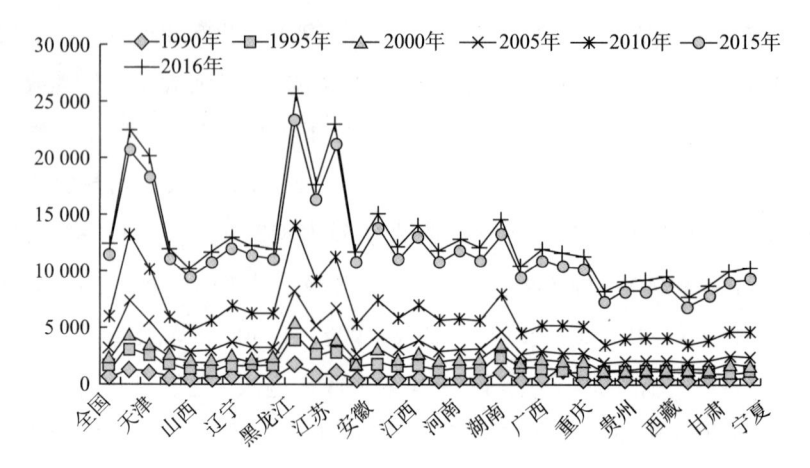

图 3.2　1990 年以来我国农村居民分地区的人均收入变化
资料来源:《中国农村统计年鉴》(2000、2014、2017)。

二　收入内部分化明显

有研究指出,农民相对于城市居民,趋同性更突出,这一点也可以表现在收入方面,传统上农民因主要依靠农业经营获取收入,他们之间的收入差距小,1978 年前我国农民收入接近绝对平均(依基尼系数算法)[①]。而改革开放以来,农民收入的来源渠道逐步多样化,收入结构随之发生变化,而农民收入差距也在拉大。

其一,农民收入的地区差距明显。图 3.3 从东、中、西和东北地区的四大区划视角描述了我国农民人均收入的地区差距情况。在新世纪之初,我国东部地区就远高于其他三区的收入水平,其中东部地区的人均收入比西部地区高出一倍,然而,其他三区之间的差距相对较小,尤其中部与东北地区的差距仅 100 元左右。但差距逐渐拉大,形成了东部地区引领收入增长,西部地区紧随中部地区,而东北地区快于中部地区但与东部地区的增速差距逐渐拉大的农民收入增长格局。到 2012 年,东部与东北地区的差距由 2000 年的 1000 多元上升到 2300 多元,而东部地区在 2012 年时农民人均收入已经突破万元。另外,西部地区农民收入增长缓慢问题突出,2007 年刚超过 3000 元,

---

① 马九杰:《农业、农村产业结构调整与农民收入差距变大》,《改革》2001 年第 6 期。

其水平分别与东部地区、东北地区和中部地区的2000年、2004年、2005年相当。2016年，东部地区人均收入达到15498.3元，分别高于中部、西部、东北地区约3700元、5600元、3200元。收入地区差距在扩大。

其二，农民收入五等份分组的差距在扩大。比较两图可以看出，图3.4与图3.3的走势相似，但图3.4的折线之间差距在扩大。2000年，低收入户仅为802元/人，同期，高收入户、中等偏上户、中等收入户和中等偏下户的收入分别为5190元/人、2767元/人、2004元/人、1440元/人，两端的差距为4300多元；在高收入户接近万元时，低收入户仅高于1300元/人；在中等偏上户超过万元时，低收入户才超过2300元/人，与中等偏下户的差距超过1倍，同期，高收入户已经接近2万元/人；当中等偏下户的收入超过4000元/人时，低收入户的收入水平刚达到2000元/人。2014年，高收入户的人均收入达到23947.4元/人，其水平分别是中等偏上户、中等收入户、中等偏下户和低收入户的1.78倍、2.52倍、3.83倍、8.65倍。2015年，各组收入都有所增长，但幅度差异大，从低收入户到高收入户分别增加了大约300元、600元、800元、11000元和21000元；高收入户分别为其他四组的1.79倍、2.52倍、3.60倍、8.43倍。2016年与上一年比较，除了低收入组略有下降外，其他组的收入均表现为增长状态，然而组别之间所存在的差距也进一步拉大。总体可见，差距不仅表现在量上，也表现在增长速度上；同时，既体现在东、中、西部地区和东北地区的对比上，也体现在农民收入的五等份分组上。

可见，我国农民收入总体上呈现了持续、快速增长的趋势，然而，不论从地域之间、地域内部，还是从时间维度、空间维度都显示出存在着农民收入内部分化的现象，且差距在扩大。其实，农民收入分化与农民职业分化息息相关，更与宏观经济紧密相连。因而，在看到农民收入总体趋势持续增长的同时，也要看到农民收入所存在的内部差距拉大的问题。

第二节　农民收入变动的结构现状

农民收入从构成上可划分为工资性收入、家庭经营性收入、财产性收入和转移性收入四大部分。本节将基于收入构成，分析农民收入结构现状。显示出四大构成对农民收入的贡献能力差异明显（见图3.5和表3—1）。

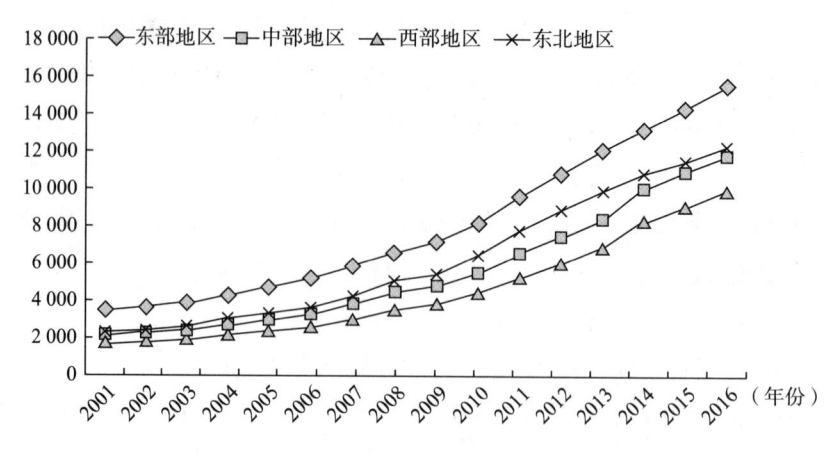

图 3.3　东、中、西部及东北地区农村居民人均收入

注：1. 资料来源《中国统计年鉴》(2014、2017)；2. 因 2000 年以来才有此方面数据，故选取区间为 2000—2016 年。

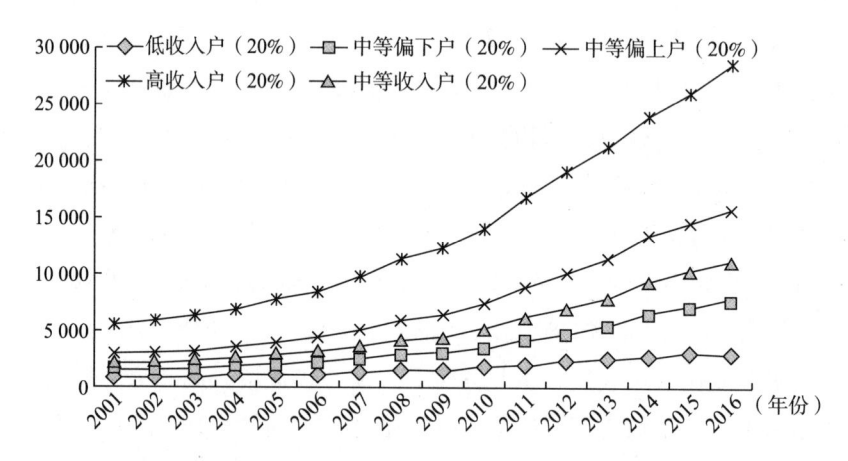

图 3.4　收入五等份分组的农村居民人均收入

注：1. 资料来源《中国统计年鉴》(2014、2017)；2. 因 2000 年以来才有此方面数据，故选取区间为 2000—2016 年。

一　财产性收入低

目前，农民的财产性收入低，全国平均水平量上刚超过 270 元，比重从 1993 年占农民收入的 0.76% 增长到 2%，然而，从图 3.6 可见，财产性收入最高的北京也仅占总收入的 6.05%，当然也是 2016 年全国唯一一个高于6%的地区；贵州最低，接近总收入的0.83%，是2016年全国唯一一个低于1%的省份。全国有25个省份在1%—3%区间；16个省份在1%—2%区间。说明了财产性收入地区差距小，即使是北京、上海、天津等发达地区，其比重也不是很高。

农民收入的现实说明，尽管他们具有象征身份意义的承包地和宅基地及附属其上的住宅等"财产"，但其交易功能不完备，流动性差，为其带去财产性收入的性能不显著，农民收入的财产性部分比重低。

二 转移性收入在增长

相比较下，转移性收入在农民收入中的比重也较低，但自2004年加大反哺力度以来，农民的转移性收入得到了快速增长，到2016年，其比重上升到18.83%，与20世纪90年代初的4.5%相比提高了14个多百分点。从地区上看，转移性收入对增加落后地区的农民收入所发挥的作用更突出。但此项收入与工资性收入相似，同地区经济发展状况密切相关，通常越是发达地区，其财政转移支付能力越强，而落后地区财力紧张的现象更普遍，表现在农民的转移性收入上也是如此。

表3—1也印证了以上结论。在20世纪90年代，经营性收入是93%地区的农民家庭收入的主要渠道，而且67%的地区的比重高于70%，其中有9个地区的比重超过80%；到21世纪初，仅新疆的经营性收入仍占80%以上，超过77%的地区的比重都降为五成至七成，而工资性收入在逐步提高；转移性收入，在21世纪前后，其比重一直较低，即使在发达地区也与财产性收入相似，直到21世纪以来才逐渐成为增加农民收入的一种手段，显示了转移性收入是政策性收入，其增长主要取决于财政转移水平。在正常情况下，随着宏观经济快速发展，其应具有更强的增长能力。

三 工资性收入与经营性收入的地位变动

当前，农民收入主要由工资性收入和家庭经营性收入所组成，其中家庭经营性收入从最初占主导地位（1993年占73.6%）而逐渐下降，2014年其比重下降到40.4%；工资性收入从与财产性收入基本持平（占比

2.1%），2014年提高到39.6%，增长20多倍，与家庭经营纯收入对农民家庭收入的贡献能力相当；2015年，首次超过家庭经营收入，成为农民的第一收入渠道；2016年，农民家庭收入构成中，人均工资收入高于家庭经营收入超过280元，工资性收入增长能力更强，差距进一步拉大。图3.6也显示出，2016年发达省份，比如：上海、北京、浙江、天津、广东、江苏等地区的工资性收入已经成为农民家庭的主要收入来源，上海和北京高于75%；河北和山西两个省也达到52%，≤50%的省份多达8个，预示着农民收入中的经营收入部分的影响在减弱。当前，非农产业正快速发展，农民外出就业机会增多，农民职业分化加速，获取工资性收入的机会较多，长期而言，正如2016年收入结构所显示的，对于多数群体，工资性收入有替代经营性收入成为农民家庭收入第一来源的必然趋向。

然而，从以农业为主的地区来看（见图3.6），比如：吉林、黑龙江、西藏、云南、新疆、内蒙古、广西、海南等地区，当前农民收入的第一来源还是家庭经营收入，而且吉林省是唯一一个占总收入超过六成的省份，黑龙江、西藏、云南、新疆、内蒙古等地区也超过五成，这些地区的工资性收入基本仅占农民收入的两成左右，说明在这些地区有坚持搞好农业生产经营的必要性和重要意义。

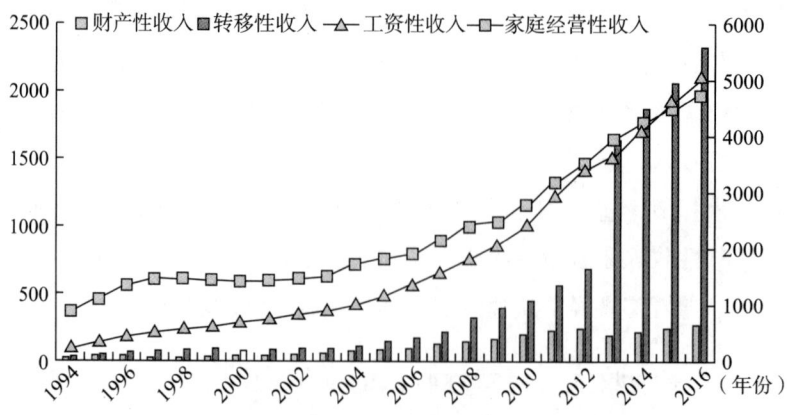

图3.5　20世纪90年代以来我国农民收入的内部构成

注：1. 1993—2013年农民人均收入及构成数据来自《中国农村统计年鉴》（2014）；2014—2016年采用《中国统计年鉴》（2017）数据。2. 自1993年才有此方面的完整数据，故区间为1993—2016年。

```
                工资性收入    家庭经营性收入    财产性收入    转移性收入
```

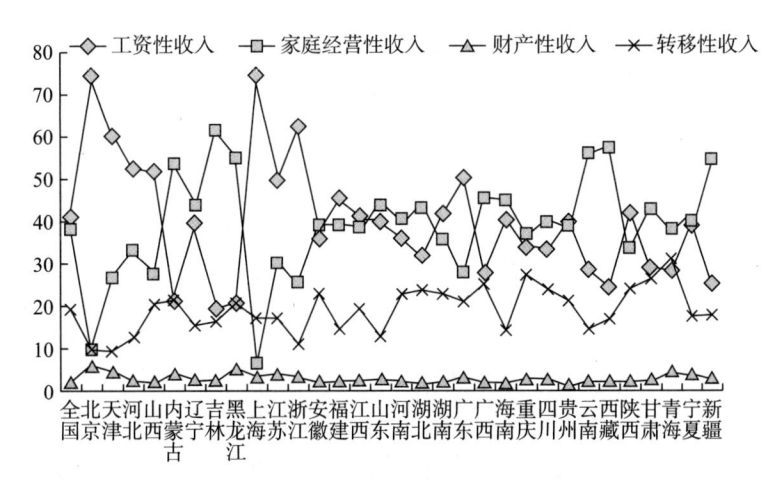

图3.6 我国分地区的农民收入内部构成

注：本图以分地区的我国农民收入构成（2016年）为基础；资料根据《中国统计年鉴（2017）》计算而得。

因此，工资性收入和经营性收入对农民家庭收入的作用存在地区上的差异，这与自然禀赋和职业选择有关，然而，从总体上看，工资性收入的增长能力将更强，家庭经营性收入因农民职业选择不同而存在差别。但农民家庭收入以工资性收入和经营性收入为主要收入来源的格局还将在一定时间内持续存在。

表3—1 农村居民分地区人均收入来源

单位：%

年份	2016				2006				1996			
地区	工资	经营	财产	转移	工资	经营	财产	转移	工资	经营	财产	转移
全国	41	38	2	19	38	54	3	5	23	71	2	4
北京	75	9	6	10	61	24	8	7	61	32	2	5
天津	60	27	4	9	52	44	2	2	41	55	2	2
河北	53	33	2	12	40	53	3	4	28	68	2	2
山西	52	27	1	20	43	51	2	4	27	69	2	2
内蒙古	21	54	4	21	18	72	2	8	8	89	2	1
辽宁	39	44	2	15	37	54	3	6	28	68	2	2
吉林	20	62	2	16	17	70	5	8	13	78	7	2

续表

年份	2016				2006				1996			
地区	工资	经营	财产	转移	工资	经营	财产	转移	工资	经营	财产	转移
黑龙江	21	54	5	20	18	71	4	7	8	87	4	1
上海	74	6	3	17	73	9	6	12	67	26	4	3
江苏	50	30	3	17	54	39	3	4	37	58	2	3
浙江	62	25	3	10	49	42	4	5	39	56	2	3
安徽	37	39	2	22	40	54	2	4	22	72	2	4
福建	45	39	2	14	39	51	2	8	26	66	3	5
江西	41	38	2	19	42	54	1	3	22	74	1	3
山东	40	45	2	13	38	55	3	4	25	71	2	2
河南	36	40	1	23	31	65	1	3	14	82	1	3
湖北	32	43	1	24	35	61	1	3	15	79	2	4
湖南	41	35	1	23	43	51	1	5	20	76	1	3
广东	50	27	2	21	58	32	4	5	26	66	2	6
广西	28	46	1	25	35	62	1	3	14	79	1	6
海南	40	45	1	14	17	76	2	5	4	86	4	6
重庆	34	36	3	27	46	47	1	6				
四川	33	41	2	24	40	53	2	5	20	72	2	6
贵州	40	39	1	21	36	56	2	6	15	79	1	5
云南	28	56	2	14	20	72	4	4	11	78	5	6
西藏	24	58	2	16	23	58	7	12	9	84	3	5
陕西	42	32	2	24	38	54	2	6	17	77	2	4
甘肃	28	44	2	26	30	61	2	7	13	81	2	4
青海	28	37	4	31	28	58	4	10	12	85	0	3
宁夏	40	40	3	17	30	60	2	8	16	80	2	2
新疆	25	55	2	18	9	85	2	4	4	86	6	4

注：1. 表头工资、经营、财产、转移分别指工资性收入、家庭经营性收入、财产性收入和转移性收入；

2. 资料来源：根据《中国统计年鉴》（2017、2007、1997）计算而得。

总体上，我国农民收入持续增长，同时内部分化明显；农民收入结构也在变化，然而，存在地区差异，但家庭经营性收入的存在意义仍然显著，尤其对农业地区而言仍是主要收入；工资性收入成为增加农民收入的一条重要渠道，从发达地区来看更成为农民的主要收入，且具有很大的增长空间；转移性收入主要来自政府，取决于国家财力和政策倾向，对农民增收作用也很重要；财产性收入比重最低，地区差异小。

第三节　农民收入变动的特点

一　农民收入由净流出转向流入状态

中华人民共和国成立之初基本无工业基础，在一个较长的时期内农业一直是工业化资本积累的重要领域，作为积累的输出方，农民一直承受着工农产品价格剪刀差的剥夺，农村一直缺乏必要的投资，长期的城乡二元结构更限制了农民流动，他们主要依靠十分有限的土地资源来维持家庭的基本需求。

21世纪以来，随着经济快速发展：其一，宏观政策开始扭转城乡有别的二元体制，在城乡一体的发展定位下，加大了对农投资，在逐步建立反哺"三农"体系，比如粮食直补、良种补贴、农机具购置补贴、农资综合补贴等惠农补贴政策，21世纪初，更取消了运行数千年的"皇粮国税"，将农业经营推向了一个新时代，农民成为非直接纳税的经营主体，减轻了农民负担，缓解了基层政府与农民之间的矛盾与冲突。其二，建立了不同层次的农民技能培训制度，提高了农业生产能力或非农操作技能，也增强了对农村基础设施与基础条件的投入力度，改善了生产条件和生活环境，方便了产品运输、流通及信息传递。这些政策定位于惠农，从实际效果来看，确实起到了增加农民收入的作用。

表3—1中转移性收入比重的普遍提高就是证明。20世纪90年代，广东省的转移性收入最高，占总收入的6.28%，金额上为199.99元；作为粮食主产区的吉林、黑龙江等地仅占1%，转移支付30多元，转移支付力度仅高于内蒙古和宁夏两个自治区，显然与这些省份农业生产对国家贡献能力相差甚远，自然对农民也不公平，当然，这个时期收入水平最高的上海市的转移收入也不算很高，从量上也仅为147.4元，其比重仅3.04%。

21世纪初期,多数地区的工资性收入占比明显增加,转移性收入也有一定程度的提高,比重最高的上海市为12.33%,金额为1126.8元,也是2006年转移性收入最高的地区,据统计显示,2004年,金额最高的北京市其转移性收入为453元,当年最低的省份河南仅54元,而2006年最低的广西接近70元,同期,作为粮食主产省份的吉林省比1996年提高了8倍多,接近300元。近几年,各地区的变化都较大,2016年数据显示,各地区转移性收入的比重均超过个位数(除了天津市之外),但悬殊较大,最高的青海达到30.91%,与金额最低的云南形成了2.20倍差距,但云南比重也超过14%;2016年,天津比重最低,仅为9.09%,是唯一一个比重低于10%的地区,然而其农民收入的整体水平高,也达到1824.4元;全国平均水平为18.83%,金额上超过了1996年很多省份的农民纯收入,与1996年全国农民纯收入水平相接近。

因此,补农惠农的输入机制成为当前我国农民收入增加的一条重要渠道,具有缓解"三农"问题的作用,符合经济发展规律和农业产业特性的内在要求,但在我国刚起步,相关机制还不完备。

二 农民收入由低速平稳转向高速波动增长

当前,我国农民收入呈现了持续增长态势(见图3.1),但从增长幅度上可见,在2004年之前主要呈现为低速平稳增长,增长幅度小,增长较为稳定;2004年以来,农民收入增长进入快速期,但也伴随不稳定的波动现象,农民收入的高速增长并经常波动将会持续存在。表现在以下几个方面:

其一,量上增长但增长率经常波动。20世纪90年代以来,年均增长率为6.69%,最高年份达11.4%,最低时仅为2%,2010—2014年期间比上一年的增长幅度均高于10%,2015年以来增幅回落,低于9%,且呈现出下降趋势,势必将受到经济中高速增长的制约,农民收入表现出高速增长但经常波动的变化态势。

其二,农民收入受政策影响大。转移性收入是增加农民收入的一条渠道,然而,当前补贴政策处于调整阶段,以2016年在全国推广的合并粮食直补、良种补贴、农资综合补贴为"农业支持保护补贴"为代表，调整后突显了激励保护农业资源可持续开发利用和农业经营规模化的导向，具有长远意义，但政策会减少传统经营者的补贴收入的效应已经显现。另外，调整玉米等农产品价格的形成机制，降低玉米收购价，引导市场形成价格，实行价补分离，具有借鉴国际补贴规范的特点，但存在市场信息传递滞后、政府宏观调控迟缓等问题，影响了包括吉林省在内的玉米主产区农业种植户的种植收入和生产积极性。需要建立农业种植结构调整的引导机制，保障农民及时准确地掌握政策变动和市场信息，这样才能让他们与市场有效接轨，减少信息不对称现象，降低弱势性。

其三，宏观经济不稳定。宏观经济直接关系到非农岗位的供给能力，经济稳健才能保障岗位供给能力，反之，经济萧条将削弱非农岗位的供给水平。比如：当前我国东北地区就背负国企改革包袱，GDP 增速也缓慢，经济低迷，造成本地的非农工作岗位的供给能力下降；农业经营又面临"镰刀弯"产区种植结构调整等供给侧改革问题，农民收入增长的稳定性面临考验。

三 农民收入由一元驱动转向多元增长

我国当前经济正处于从高速增长向中高速增长的过渡期，同时，当前农民就业结构也处于急剧调整期，农民出现了职业分化，而职业分化使农民收入的主要增长渠道出现差别，收入增长来源形成多元化。可以表现在：

其一，农民收入的主要来源发生变化。经营性收入曾经长期主导了农民收入，但随着政策调整和经济形势推动，农民职业分化引起了农民就业结构变化，改变了原来以农业经营收入为主的收入格局，工资收入不断增加，在发达地区更是成为农民收入的主要来源，同期，家庭经营收入在逐步下降。

其二，职业型农民的收入在形成。在职业分化背景下，大量农民走出了农业，成为非农岗位的产业工人或创业者，但也有一部分人将成为农业领域的主力军，这部分农民不论选择以种植业为主还是畜牧养殖业为主，他们的收入结构将必然以家庭经营性收入为主，家庭经营性收入是构建这类农民持续、稳定的收入增长保障机制的主要来源。

其三,转移性收入的支持力度和支持方式需要符合国力和国际补贴规范。当前,我国初步建立了惠农反哺机制,起到了增加农民收入的作用,但相对于发达国家的支持力度还很低。目前,欧盟向各成员国每年提供农业补贴大约为440亿欧元,占全部财政总预算支出的40%以上,而各成员国还向本国农民提供农业补贴;日本财政补贴农民的比例大约是农业产值的2倍,瑞士达4倍[①]。另外,农民职业分化后,对于实际上放弃了农业经营但仍有土地承包权的农户的农业补贴及新型经营主体惠农补贴等政策也存在调整的必然性。除此之外,补贴方式也有待完善,这是国际补贴规则要求的,也是产品进入国际市场必备的环节,否则,不仅影响农民收入稳定和生产积极性,更有损产品的国际声誉。

其四,职业分化推动下的耕地流转将影响农民收入结构。随着农民职业分化加快,将土地经营权进行流转的农户将会增多,虽然受限于土地面积较小和流转费用较低等因素,但土地流转在降低家庭经营收入的同时,将会增加财产性收入,从而影响农民收入的内部构成。

第四节　本章小结

改革开放以来,我国农民收入呈现了持续快速增长趋势,然而,从农民收入内部而言,不论在时间维度上还是空间维度上都存在明显的收入分化现象。

收入结构也在变化,但存在地区差异,中西部地区的家庭经营性收入还是农民的主要收入,也具有一定的发展空间和重要的现实意义;工资性收入成为增加农民收入的一条重要渠道,且其增长能力较强;转移性收入对多数地区的农民具有增收作用,需要政策层面的重视;财产性收入的贡献能力低且地区差异小。

---

① 张新光:《农业发展与工业化、城市化进程相伴而生》,《农民日报》2008年6月25日第3版。

从农民收入变动可以看出，改革开放以来我国农民收入具有由净流出转向流入状态、由低速平稳转向高速波动增长、由一元驱动转向多元增长的变动特点。然而，当前我国农民增收是在城乡协调发展的社会环境下，将伴随着农民职业分化行为而存在的事情。

第四章
职业分化与农民收入

由上章分析可知，农民收入问题与农民职业分化问题具有密切的内在关系。那么，在社会分工分业的背景下，农民的收入与职业分化之间的关系如何呢？自20世纪80年代后期以来，我国的工业化和城市化进程加速，与此同时，农民职业结构也发生了变化，且这个变化将在整个现代化进程中持续。这种趋势符合产业发展规律和经济发展规律，有利于统筹城乡劳动力资源，增加农民收入，优化产业结构，也将在经济、社会和文化等方面产生重要的影响。那么，职业分化是怎么形成的，当前我国农民职业分化现状如何，其对农民收入的作用关系、方式及强度如何，这些是本章要分析的主要内容。

第一节 农民职业分化内涵及其变动规律

一 农民职业分化内涵

社会进程中一直伴随着社会群体在不同行业与领域的分工分化现象。这种现象的产生、发展及产业结构的变化是经济和社会系统演进过程中的一种重要的现象和必要的过程。分化就是差异，无差异则无矛盾，无矛盾则无发展，因而，任何有新陈代谢能力的社会都必然有这种或那种性质的分化，由此产生不同的利益群体，分化有助于推动社会发展①。当前的产

---

① 秦晖、苏文：《田园诗与狂想曲：关中模式与前近代社会的再认识》，中央编译出版社1996年版，第135页。

业和职业都经历了一个从无到有、从少到多、从简单到复杂的发育、成长到成熟的过程,其中有产业的夭折和兴旺,也有产业的繁荣和衰落,既有长期的停滞、萧条和废弃,又有蓬勃发展;既有大陆漂移式渐变,又有山崩地裂式飞跃[1]。有些学者(邓英淘,1985)从耗散结构理论视角论述了产业分工分化过程中存在的"产业涨落"问题,解释了产业形成与发展[2],也有学者(周其仁、高山,1983)关注了分工分业中所形成的新经营项目和新产业类型的发展状况[3]。当今社会,仅从农业内部来看,产业结构就十分复杂,也形成了不同的就业群体,既有在农业占主体地位的大田种植者,又有规模大小不一的各种经济作物或特种作物种植、家禽牲畜及渔业等养殖者、林业生产者等,所提供产品的类别更是多种多样。人具有能动性,作为产业的劳动者和主宰者伴随每个产业的产生、发展、成熟、衰落到消亡的全过程。这个过程中人以产业为依托、产业以人为主宰形成了密不可分的关系,所以产业分化与职业分化密切相关,然而主要表现为人以产业为依托组织生产、创造财富,满足自我与社会的需要,故伴随着产业分化,农民职业结构也将变化。

就农民职业分化而言,结合第一章职业分化的概念界定,农民职业分化主要是指农民在就业层级、就业结构、社会分工上的变化,体现为农民从业领域在一、二、三产业之间的就业流动,并实现农民职业身份的变化,从单一的农民转变为依托乡镇的农业服务人员、非农产业的生产经营者,并伴随分化程度的加深,其主要生活来源将发生变化,改写传统农民以农业经营性收入为主要收入的来源结构。当前,主要包括农民分工性质的职业分化和农民分业性质的职业分化。前者多表现为农民以农业为基础的职业上的分化,这种性质的分化行为一直存在于农业发展过程中,差异即在程度上,主要表现为农业的直接生产者走出农业,进入以村镇为主要依托的"农业的副业",以服务农业为主要目的,比如从种植业或养殖业

---

[1] 邓英淘:《耗散结构理论与产业结构的演化》,《北京轻工业学院学报》1985年第2期。
[2] 同上。
[3] 周其仁、高山:《农村分工分业中新经营项目和产业的形成》,《农业经济丛刊》1983年第6期。

分化到农业产前产后的生产服务与生活服务等环节，细化了农业分工，并推动农业专业化发展，这种职业调整行为多具有"量上"的分化性质，是对农业要素的优化配置和产业组合。后者更强调农民进入城市二、三产业的职业选择行为，这种职业变化不再以服务农业为主要目的，多表现为在行业上从农业到非农、在空间上从农村到城市的就业变化，往往与农业的距离越来越远，印证了"现代科学在农业的运用，将把农村居民从土地上赶走，使人口集中于工业城镇"[①]的变化。这种分化属于深层次的农民职业分化现象，更有助于引导其身份性质、社会地位、思想观念等方面的变化，是更具"质上"的农民职业分化行为，也是本书的主要研究对象。

二　职业分化变动规律

职业分化的形成并非偶然，而是具有规律特点。不可否认产业内部也时刻发生着职业分化现象，但职业分化的基本表现是基于三大产业的划分而来的，或者说社会群体跨产业进行的就业选择行为就是经典的职业分化行为。当前，我国的农民工现象就以农民群体从农业到非农领域的跨产业的职业选择与职业调整行为为主要表现。

下面将首先阐释三大产业划分理论。

随着技术革命的推进，产业构成发生了变化，社会群体就业结构也随之发生了变化，在此背景下，1940年美国的著名经济学家科林·克拉克（Colin G. Clark）在《经济进步的条件》中总结了伴随经济发展的产业结构演变规律，对产业做出了划分。克拉克将全部的社会经济活动划分为第一产业、第二产业和第三产业，其中，第一产业包括一切直接取自自然界的经济活动，主要有广义的农业和矿业；第二产业指一切对自然物进行加工的经济活动，主要有广义的工业和建筑业；第三产业是指除了第一、二产业以外的所有社会经济活动，提供服务是其主要特征。通常简称为第一产业、第二产业和第三产业。看得出，第一、二产业是有形物质财富的生产部门，第三产业主要是无形财富的生产部门。克拉克关于产业划分的理

[①] 《马克思恩格斯全集》第11卷，人民出版社1979年版，第662页。

论被经济学界普遍接受，很多国家也基于此理论建立了本国的产业分类标准，如：1985年，我国确立了与其类似的三大产业划分体系。克拉克在划分产业的同时，研究了社会劳动力在三大产业之间的流动趋势与基本规律，认为随着经济发展和人均国民收入水平提高，社会劳动力首先由第一产业向第二产业转移，进而再向第三产业转移；从劳动力在三大产业之间分布来看，第一产业劳动力比重逐渐下降；第二产业特别是第三产业劳动力比重则呈现上升趋势。人口在产业之间流动的动力之一在于不同产业收入上的差异，并且他认为这一研究成果印证了17世纪英国经济学家威廉·配第（William Petty）提出的制造业比农业进而商业比制造业能够得到更多的收入，收入差异促使劳动力由低收入部门向高收入部门转移的思想，因此，克拉克研究的劳动力产业流动规律被理论界称为"配第—克拉克定律"①。

之后，美国经济学家西蒙·库兹涅茨（Simon Kuznets）② 将以上理论与工业化发展进行了结合，进一步研究了因工业化所处的不同时期而导致劳动力在产业之间持续变化的现象。其理论得到了很多发达国家工业化进程的证实，比如美国在20世纪初，第一产业就业人口达到总人口的43%，同期日本第一产业的就业人口还达65%；20世纪80年代，在技术革命推动下，美国和日本的社会就业结构趋于相似水平，二、三产业的就业人口超过90%，美国更达到97%，之后还是呈现了缓慢的提升变化，截至21世纪第一个10年，仅有1.5%的劳动力从事农业生产活动，日本也低于4%。相比之下，我国还存在较大差距，2000年仍低于1900年的美国水平，这与我国技术水平整体较低，农业生产条件相对差和农业人口多有关（见表4—1）。英国20世纪40—80年代人口在产业之间的变动也证明了经济达到一定阶段后，人口就业领域将从第二产业向第三产业转移，形成人口就业比重在产业上的"三、二、一"序列的发展规律（见图4.1）。

配第—克拉克定律和库兹涅茨定理所揭示的产业发展与劳动力就业结构变化的基本规律成为普遍认可的社会分工与职业分化的规律，对很多国

---

① 孙久文、叶裕民：《区域经济学教程》（第二版），中国人民大学出版社2010年版，第70页。
② ［美］西蒙·库兹涅茨：《各国的经济增长》，常勋等译，商务印书馆1985年版。

家经济发展过程中的就业结构调整行为发挥了指导作用,也给我们研究当前的农民职业分化问题提供了基本方向和分析方法。

表4—1 三大产业劳动力变化情况

年份	美国（一产业/二、三产业）（%）	日本（一产业/二、三产业）（%）	中国（一产业/二、三产业）（%）
1900	43/57	65/35	—
1950	15/85	40/60	—
1980	3/97	9/91	—
2000	2.6/97.4	5.1/94.9	50/50
2005	1.6/98.4	4.4/95.6	44.8/55.2
2009	1.5/98.5	3.9/96.1	39.6/60.4

注：安良雄：《近代日本经济史要揽》（第2版），转引自李富阁等《南京工业结构调整和产业升级》，南京出版社2001年版，第13页。

资料来源：李逸波：《现代化进程中的农民职业分化研究》，博士学位论文，河北农业大学，2013年，第26页。

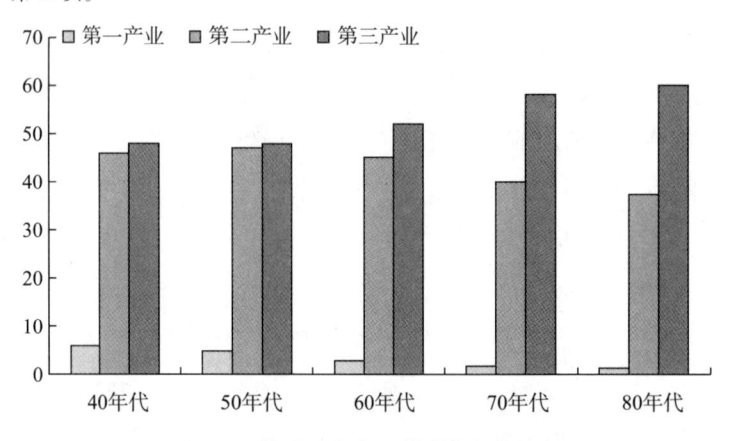

图4.1 英国三大产业劳动力变化情况

职业分化的主要形态,配第—克拉克定律已经给出了趋势性的论证,即源于"工业的收益总是比农业多,商业的收益又比工业多"[①],劳动力首先将由第一产业向第二产业转移,进而再向第三产业转移,在社会水平达到一定程度后,社会人口就业结构将形成"三、二、一"的分布状态。下

---

① 王亚南：《资产阶级古典政治经济学选辑》，商务印书馆1979年版，第693页。

面以我国情况为例进一步说明（见表4—2）。

首先，从产值比重上看。1978年，我国第一产业的产值比重为27.7%，改革开放以来，经历了38年的逐步调整，到2016年低于9%；同期，第二产业的产值比重也呈现了小幅下降，从1978年的47.7%降到2016年的39.8%，且第三产业的产值比重大幅增长，从24.6%上升到51.6%，在2013年就已超过第二产业的社会贡献能力，成为社会增加值的首要贡献产业。

其次，从就业比重上看。就业比重与产值比重的变化具有相似特点。1978年，第一产业是就业主体，超过70%的人口就业于第一产业，同期二、三产业就业人口比重均在15%左右；随着社会发展和产业结构调整，第一产业逐步失去了就业比重的主导地位，2010年被第三产业赶超，到2014年不仅被第二产业超越，且第三产业成为社会就业人口的主要产业，多于40%的人口就业于第三产业，而第一产业的就业比重低于30%。2016年，第一、二产业就业比重进一步下降，第三产业就业比重提高了1个多百分点，相比1978年累计提高了31.3个百分点。

可见，中国的实践验证了配第—克拉克定律在新时期的正确性和对我国经济发展的指导价值，佐证了职业分化的基本规律与该定律一致。

表4—2　改革开放以来我国的产业结构与就业结构变动

年份	产值比重（%）			从业比重（%）		
	第一产业	第二产业	第三产业	第一产业	第二产业	第三产业
1978	27.7	47.7	24.6	70.5	17.3	12.2
1990	26.6	41.0	32.4	60.1	21.4	18.5
2000	14.7	45.5	39.8	50.0	22.5	27.5
2005	11.6	47.0	41.3	44.8	23.8	31.4
2010	9.5	46.4	44.1	36.7	28.7	34.6
2014	9.1	43.1	47.8	29.5	29.9	40.6
2015	8.9	40.9	50.2	28.3	29.3	42.4
2016	8.6	39.8	51.6	27.7	28.8	43.5

资料来源：《中国统计年鉴》（2017）

进而言之，职业选择的变动规律与产业变化规律呈现的高度相关性具有内在必然性，是遵循社会经济规律和发展规律的结果，即生产力对生产关系的调节、引导与决定。社会发展是生产力水平的体现形式和推动结果，最初农业领域技术落后，可以提供人类生存所需的基本食物的能力非常有限，可以脱离农业从事其他产业的人口少，即使如此，农业产值也不高。从人类发展史来看，这一进程持续了漫长的时间，直到现代技术的推动，第一产业的生产水平才大大提高，很多发达国家也才快速实现了从农业国向工业国和发达国家的过渡，农业也实现了现代化。我国在这个过程中，农业生产技术也得到了逐步改善，农产品供给能力提高，在农产品可以满足社会需求的情况下，生产力要求按照经济规律加快产业结构调整，表现在就业结构上，为了满足其他产业发展对劳动力的需求，需要引导农业劳动资源向其他产业有序转移，在农业领域表现出就业人口的数量和比重都呈现逐步下降的变化趋势。

第二节 农民职业分化现状

我国的现代化过程走出了一条具有中国特色的社会主义现代化道路，这一道路符合现代化的基本发展规律。H. 钱纳里（H. Chenery）和 M. 塞尔昆（H. Selkun）曾对 101 个国家 20 年间的历史数据资料进行处理，揭示出一个国家在现代化进程中部门之间的产出结构与就业结构之间的基本变化关系，勾画出工业化与城市化中社会劳动者就业结构变化的"标准形式"[①]。"标准形式"预示了在现代化过程中农民将在一定的条件下出现职业分化现象，且主要表现为农民从农村到城市、从农业到非农产业的变化趋向。本节将以这种现象为主要对象，从观念、规模、素质、地域、职业等方面分析农民职业分化现状。

一 农民择业观念具有代际差异

改革开放以来，无论国家政策对农民的流动是禁止、默许还是支持，有一个事实不可否定，即农民职业分化现象一直存在，区别只是在于规模

---

① 牛若峰：《中国的"三农"问题：回顾与展望》，中国社会科学出版社 2004 年版，第 222 页。

与程度。起初，规模小，程度低，完全脱农的人口少，以务农、非农兼营者居多，比如农村经纪人、农业生产环节的其他服务者、季节性外出务工者，甚至包括农村基层社会管理者，他们尽管从事非农工作，但非农工作在其家庭中居于"副业"地位，主业还是农业生产经营，只要农忙，其他工作都将被排在第二位。这个时期即使外出务工或从事其他经营，基本也是家庭的男劳动力独自外出，父母、妻儿仍然留在农村；多数外出者也经常回家处理家庭事务，比如：参加家族的"红白事"、左邻右舍和亲朋好友之间的互助活动；外出收入主要寄给妻子或父母；基本不存在完全离开农村甚至定居城市的发展定位，他们观念中的"家"仍是那个熟悉的农村，从事农业外的工作仅仅为了让"家"变得更好，在村庄内更体面，让家乡人更认可。

然而，随着现代化水平提升，国家开始支持农村劳动力的职业迁移，更多农民选择走出农业。随着年轻劳动者职业迁移程度的加深，他们举家外出，常年在外甚至在外购房的现象也开始出现；很多农村成为老年村、儿童村，甚至连年轻妇女都很少，村庄活力不足；收入也不再以寄回农村消费为目的，城里赚钱城里消费更普遍，而且他们不仅希望子女也希望自己能在城市定居，所以外出务工的发展定位不再是农村而是城镇。在务工中，希望受到尊敬和肯定，不能忍受前一代农民工经常遭遇的歧视和冷漠，生活方式更赶潮流、追时尚，倾向于模仿城市居民，要求精神上满足的意识越来越强。正如英格尔斯指出的，应该将"现代化看作是一种心理态度、价值观和思想的改变过程"[①]。

我国农民职业选择的这种变化，根本还在于文化观念和思想的变化。教育和发展改变了新一代农民的认识观念和思想看法，他们看到了城市与乡村的差距，经历了农业收入的微薄和非农报酬的增长，体味到了农业生产的艰辛和非农工作的好处。这些社会现实促使他们调整了认识社会的标准，矫正了衡量自我价值的尺度，确立了发展的新方向，也对社会提出了新要求。可以说，当前的农民在面对职业选择时，既有现代人竞争、平

---

① [美] 阿历克斯·英格尔斯：《人的现代化》，殷陆君译，四川人民出版社1985年版，第2页。

等、效率、开放、民主、创新、合作的观念,又有传统人封闭、愚昧、落后、自私、因循守旧的思想,具有"过渡人"的特征①。

二 职业非农化的农民数量增多

农民职业分化从根本上应该是以实现户籍与身份的转非为基本归宿,从我国实际而言,常住人口城镇化水平是当前衡量农民职业分化程度的一个重要指标。在统计中,常住人口城镇化以在城镇生活或工作6个月以上的人为尺度为标准统计,故除了城镇原有居民外,就主要包括农村户籍的大学生和进城务工的农民工,而农村户籍的大学生并非主要群体,原因在于:近几年,高考各类招生年均近700万人,其中户籍为农村的学生占40%左右,因此,一年录取的农村户籍大学生数量约300万,按照平均4年制计算,在城市受教育的农村户籍大学生人数有1200万左右,因这个数字相对稳定,故农村与城市人口的"一减一增"的变化主要由农民工引起。1978—2016年,我国的城市人口从不足2亿增加到接近8亿,常住人口城镇化率从低于20%到高于50%,农业从业人口减少,而非农领域就业人口同步增多,农民的职业非农化趋势加速,从业结构更加合理。尽管在这个过程中参与职业分化的农民仍然保留具有身份意义的农村土地承包经营权,多数也未能实现彻底转移,多以跨行业、跨城乡的职业选择为主,以城乡边缘人的社会地位存在,然而,这种改变顺应了城市化的发展要求,符合经济发展规律和职业分化的基本规律。很多国家在城市化进程中也曾经历过类似的就业结构调整过程,比如:18世纪初,法国的农村人口还占总人口90%;1848年后,随着大机器纺织工业、金属工业、化学工业、银行业等产业发展,到1994年,农业人口比重下降为4%,农业劳动力占总劳动力的比重仅为4.3%②。德国也有过相似的变化,从19世纪中期到1913年,农业部门就业人口比重从55%下降为35%;第二产业就业

---

① 葛志华:《为中国"三农"求解——转型中的农村社会》,江苏人民出版社2004年版,第209页。

② 李逸波:《现代化进程中的农民职业分化研究》,博士学位论文,河北农业大学,2013年,第53—54页。

比重同期从25%上升到38%；第三产业比重则由20%上升为27%（见图4.2）。可见，随着我国经济的持续快速增长，农民职业非农化趋势加快，这一现象符合生产力的发展要求，也为先发展国家所验证。

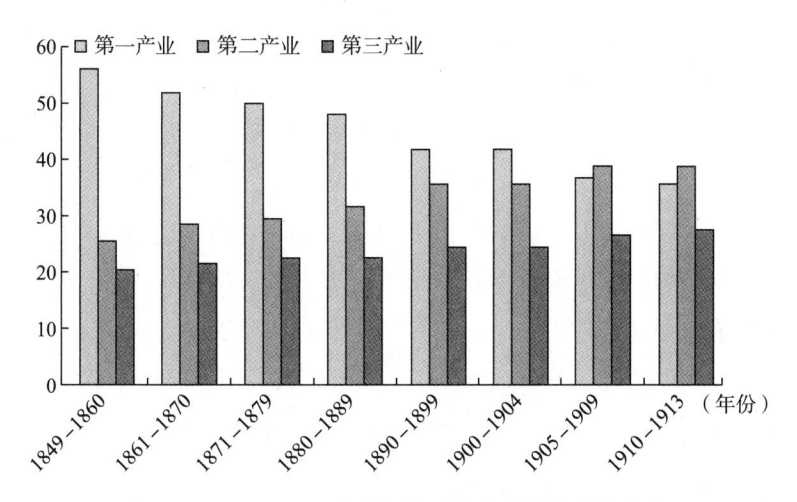

图4.2　1849—1913年德国三大产业的就业结构变化

注：Wolfgang Zorn, *Handbuch der deutschen Wirtschafts-und Sozialgeschichter*, Vol2, Stuttgart: DVA 1976, p. 528.

三　高素质农民引领分化进程

职业分化是城镇化进程中所显现的社会人口就业结构的变化问题，而城镇化通常意味着对技术要求更高，素质状况对从业人员的约束性更强，且与农业生产对劳动者素质的要求不同，因此，职业分化农民的素质状况是显示分化质量的重要指标。职业分化农民与农民工尽管非等同概念，但农民工是当前农民职业分化群体中的主要部分，对其具有较好的代表性，故本节将从农民工的受教育状况、年龄分布和接受技能培训三方面分析。

其一，农民工的受教育程度。接受教育状况是"反映"劳动者文化素质的重要指标之一，一般认为，发生职业变化的农民所受的教育情况要好于未发生职业变化的农民。资料显示，非农民工中超过80%的人口接受了中小学教育，但高中及以上的比重低于11%；农民工接受了中小学教育的比重接近75%，其中60%以上接受了初中教育，远高于非农民工47%的水平；接受高中及以上教育的比重接近24%，其中外出农民工的受教育情况又远高于本地农民工，超过1/4的接受了高中及以上教育，62%完成了初中教育，而且新生代农民的加入也进一步提高了职业分化农民的受教育水平。资料表明，36.4%的30岁以下青年农民工接受了高中以上文化教育，其中，12.6%完成了大专及以上教育，这一群体中不识字或识字少的极少，接受了小学以下教育的人数也低于6%，可以看出，30岁以下青年农民工的确以高学历为主体（见图4.3）。

而且，通过对2013—2017年全国农民工监测调查报告所公布的农民工文化构成情况的对比更能看出，农民工的文化水平在逐步提高，高中及以上文化比重增加，且外出农民工受教育水平明显高于本地农民工，而小学及以下文化水平的比重在快速下降，在外出农民工群体上表现更为明显。农民工的教育背景更适应了城镇化的发展要求。

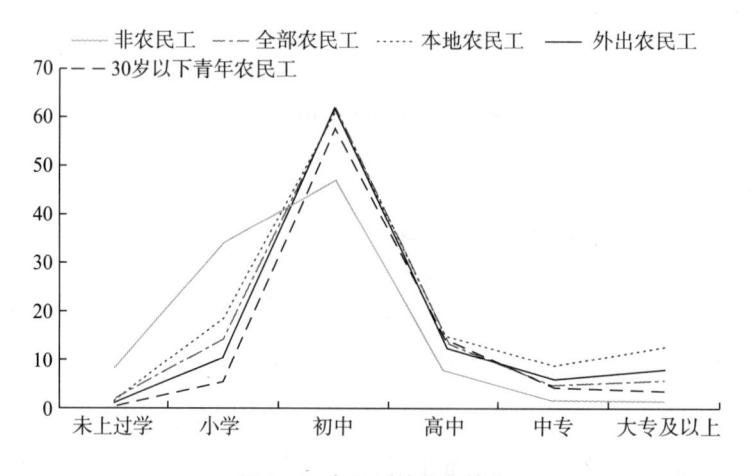

图 4.3　农民工的文化构成

注：2008年国家统计局建立全国农民工监测报告制度以来，仅2011年和2012年包括"非农民工"和"30岁以下青年农民工"指标，更利于对比农民工与非农民工，也体现年轻农民工的受教育状况，故以2012年全国农民工监测调查报告的数据做农民文化构成分析。

其二，农民工的年龄结构。21世纪以来，农民工年龄结构发生了变化。首先，年轻化趋势降低，尤其表现在21岁以下务工人数变化方面。这一年龄阶段人数减少，或许与多数农民工家庭结构以独生子女或一儿一女为主，父母让孩子早早担当养家创业责任的比重低有关系；也与教育水平相关，这个年龄段正是接受高中及以上教育的时期。其次，中老年务工者比重提高。40岁以上农民工的比重呈现增长趋势，2008年占30%；2016年上升到46.2%，占农民工总量的近1/2；尤其50岁以上农民工自2008年以来增长了近8个百分点，显示出第一代农民工在长期的外出务工中已经习惯了非农工作，仍然承担着家庭收支的主要责任。其三，农民工供给存在代际不足的问题。当前，农民工中青年群体（21—40岁）比重低，2008年为59.3%；到2016年降为50.6%（见图4.4），且在2008—2016年期间，这种趋势在持续，说明我国农村户籍人口中青年群体比重较低且在下降。作为人口大国，合理调整退休养老保障及生育等政策制度，才能更好地适应经济发展要求。

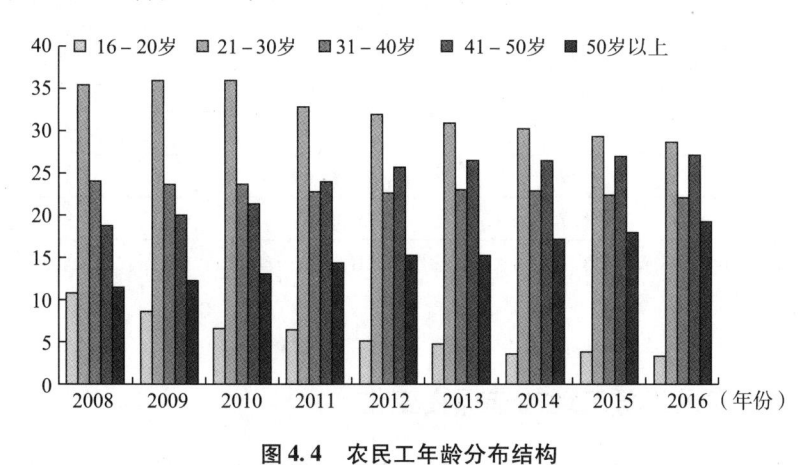

图4.4　农民工年龄分布结构

资料来源：《全国农民工监测调查报告》（2012年、2016年）。

其三，农民工的技能水平。实践显示，城镇化进程将是提高劳动者素质的过程，只有高素质的群体才能更适应其要求，农民工技能水平的变化顺应了这一要求。农民工接受技能培训的比重在增加，超过1/3的人口接受了技能培训（包括农业技能和非农职业技能），然而，接受农业技能培训的人口主要表现为在下降，这与"离乡离土"农民工在增多有关。"离乡离土"农民工在同等收入下，通常更愿意从事能在工作中学到新手艺或新技术的非农工作，如此更有利于他们在职业非农化道路上的发展，因而，2011—2016年间，接受非农职业技能培训的比重总体上提高了4.5个百分点

（见表4—3）。这说明我国初步建立的技能培训体系已经发挥了带动农民技能提升的作用，有助于提高农民工的求职能力和增强他们的职业分化信心。

综上所述，农民工的素质水平有所提高，高素质者引领农民分化进程。文化水平与劳动者年龄之间表现出反比例的变动关系，年轻者受教育水平更高；接受了技术培训的人口比重在增加，适应非农岗位的能力在提高；年龄方面出现了中青年劳动者供给不足的问题。

表4—3 农民工接受技能培训情况

单位：%

年份	接受农业技能培训	接受非农职业技能培训	接受技能培训
2011	10.5	26.2	——
2012	10.7	25.6	30.8
2013	9.3	29.9	32.7
2014	9.5	32.0	34.8
2015	8.7	30.7	33.1
2016	8.7	30.7	32.9

注：仅2011年以来的农民工监测报告包括以上三种数据，资料来自《全国农民工监测调查报告》（2011—2016年）。

四 农民工务工地的选择在变化

从空间地域上看，职业分化的农民可选择在省内就业或省外就业，然而，无论到什么地方从事什么领域的工作，基本是基于工作机会的抉择：若省内经济发展状态好则能创造更多的非农就业机会，选择省内就业的则多，况且选择省内就业还可以节省交通费用，兼顾家庭，降低机会成本，也更能利用家庭的人脉寻找工作；当省内机会较少时，选择跨省就业即为上策。改革开放以来，珠三角、长三角、京津冀等地区长期成为农民工外出务工的主要地区的原因就是这些地区经济发展创造了更多的就业机会。

然而，近些年的资料显示，职业分化的农民就业选择地开始从沿海向内陆转移，跨省就业比重下降，或许与东部地区的非农就业机会多，本地农民工更会选择省内就业有关。另外,同期有些劳动密集型产业也从沿海向内地转移,中西部地区的经济得到发展,为职业分化农民提供了更多的非农工作选择机会,增强了省内就业对他们的吸引力,从而,中西部地区的省外务工比重下降。自2008年以来,中部与西部地区外出农民工省外就业比重均下降了10个百分点左右(见图4.5),全国情况也具有类似的趋势,省外就业比重下降了6.5个百分点,省内就业已经成为第一选择。故从分化农民的务工地变化可以说明,宏观经济发展状况与职业分化农民的工作选择密切相关。

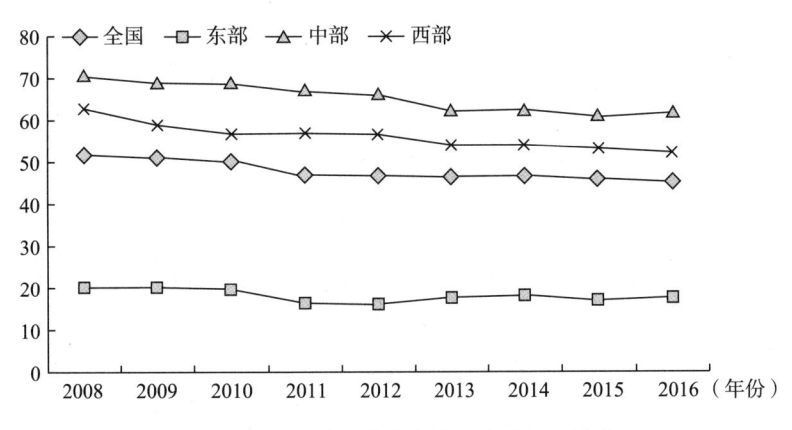

图4.5 不同地区外出农民工省外务工分布

资料来源:《全国农民工监测调查报告》(2009—2016年)。

五 非农化农民的就业领域集中

职业分化农民是农民中的高素质群体,具有文化、体力、技能等优势,他们基于自身条件,面对工农差别,在预期收入引导下做出的理性选择,且其选择从宏观上顺应了经济发展要求,因此,他们进入非农岗位所从事的主要行业也是体现他们就业能力与就业质量的重要方面。

当前,选择职业分化的农民其就业领域主要是从第一产业转向二、三产业,超过半数的人口从事制造和建筑类工作,这些行业也更需要富有体力的男性农民工,因此,成为他们的就业首选。其次,批发零售、住宿餐饮、居民服务等服务性行业也是非农选择的重要领域,这些领域提供了1/

4—1/3 的就业岗位（见图 4.6）。所以，职业分化农民在非农岗位主要从事制造业、建筑业和生活服务业，且行业分布稳定。这些工作一般具有劳动强度大、环境相对差、技术素质低、对体力要求高的特点，还不能让他们抹去"农民标签"，然而，他们所从事的职业多与城市居民的生活质量紧密相关，是经济发展不可或缺的组成部分。

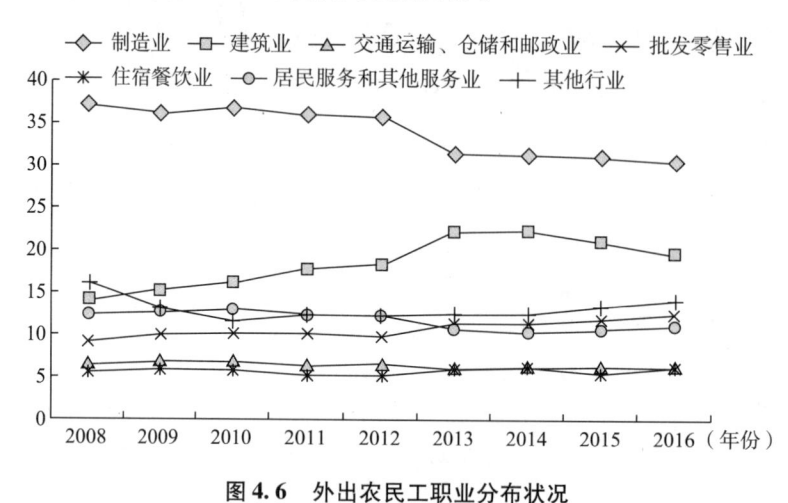

图 4.6　外出农民工职业分布状况

资料来源：《全国农民工监测调查报告》（2012—2016 年）。

第三节　职业分化与农民收入的关系判断

通过前面分析可看出，农民职业分化行为离不开宏观经济的推动，是现代化进程下农民的主动抉择行为，是基于自身素质和一定社会条件下的家庭劳动力资源的统筹配置行为，在这个过程中以实现家庭利益最大化为基本目的，将会带来收入结构的变化。

一　职业分化与农民收入的基本关系

随着现代化进程加快，农民工流转规模与流转程度在逐步加深，农民职业分化问题在近些年受到了更多的关注，其中分析职业分化和农民收入对我国农村土地承包关系影响的文献增多，比如：职业分化始终显著影响农户宅基地流转，且方向为正，认为从事个体（企业）经营和以务工为主要职业的农户参与率较高（钱龙、钱文荣和陈方丽，2015）[①]；王丽双等人（2015）也指出职业分化程度对农户农地经营权与农地承包权退出意愿的影响分别为正向与不显著，收入分化程度对其影响分别为负向与正向[②]。有些成果在论述农民职业分化中也提及农民收入问题，但一般视二者关系为常识性结论，即将农民职业分化能增加农民收入作为研究的前置假定，将职业分化作为自变量，视农民收入为因变量。

一般 A 和 B 的关系应存在三种可能性：其一，A 与 B 无任何关系，即不相关；其二，A 与 B 负相关，即 A 对 B 有负作用，或 B 对 A 有负作用；其三，A 与 B 正相关，即 A 对 B 有推动作用，或 B 对 A 有推动作用。如果农民到非农岗位就业不是增加收入，而是减少收入，可能农民的职业分化将为零。因为一两次的收入减少或许有可能，但多次外出就业尝试下，不会出现接近 3 亿的农民工选择走出农业走向非农，他们的选择行动说明了其抉择具有合理性，彰显了他们能在一定的刺激下"点石成金"的理性（舒尔茨，1999）[③]。所以，非农工作可以实现他们收入上的增加，这也正是当前农民向外流转已经形成巨大规模的真正原因所在。

下面从农业剩余劳动力的出路与非农职业选择的经济理性两方面，进一步说明农民职业分化与其收入的关系。

1. 农业剩余劳动力的出路抉择

当前，农民选择职业分化的动因来自于城市化、现代化的快速发展，城市化、现代化需要更多的劳动者从事非农工作，同时，新技术、新科技在农业生产经营等环节的应用，提高了农业生产效率，农业经营所需要的劳动者数量趋于减少，也就意味着农业生产经营领域将会出现劳动者剩余，或者出现体力旺盛、技术水平较高、生产经营经验丰富的劳动者替代不具有此优势的劳动者的现象。因此在城市与农村的流转通道通畅时，农

[①] 钱龙、钱文荣、陈方丽：《农户分化、产权预期与宅基地流转——温州试验区的调查与实证》，《中国土地科学》2015 年第 9 期。

[②] 王丽双、王春平、孙占祥：《农户分化对农地承包经营权退出意愿的影响研究》，《中国土地科学》2015 年第 9 期。

[③] ［美］西奥多·W. 舒尔茨：《改造传统农业》，梁小民译，商务印书馆 1999 年版，第 5 页。

业生产经营领域的剩余劳动力就有了新出路：

其一，进入非农岗位获取收入。

其二，留在农村选择休闲。然而，选择休闲的比重在我国农村占比很低，一方面，农民当前收入状况还没有达到不工作也能完全实现满足生活的要求；另一方面，农民素来以勤劳朴实为本，通常根据身体素质而选择力所能及的工作，实际上农业领域存在的相对劣势的劳动资源通常成为青壮劳动力外出的替补者，当前广泛存在的"老人农业"现象就是证明。

其三，留在农村从事规模经营。现代科技在农业广泛应用的过程，会促使农业生产经营领域出现剩余劳动力是结果之一，同时，还会强制淘汰部分劳动者，这些人通常年龄大、技术差、文化低，应用新技术、新手段的能力弱，因而，在新技术带动下，留在农业并能获得好收入的主体应是那些掌握了新技术、顺应了时代发展的农业精英群体，他们不会选择传统的小规模家庭经营，往往改变传统的生产方式走适度规模经营道路，借助现代技术使生产上规模、上档次，提高效益、增加收入。然而，选择如此发展的农民根本上也不可能成为农业领域的剩余劳动力。

如此，就解决了农业剩余劳动力的主要出路在哪里的问题，应以走出农业为主要出路。那么，这一选择是否为下策呢？

2. 非农职业选择的经济理性

农民以走出农业为主要出路是否为下策，可以通过农业生产经营对这部分人的作用来分析。原来的自给自足的小农生活是传统小农的生存之态，他们除了交租纳税外，经营所得在留足种子后，主要用于满足家人全年的口粮需求，若有剩余可能也会进行交易。总体上，产物就是他们的收入，收入就是他们的支出，经济处于封闭循环状态，职业上也没有什么变化，主要靠天靠地吃饭。

市场经济下的农民选择机会增多，可以维持传统的农业生产经营，也可以从事与市场紧密相关的行业，比如农产品收购与销售等经营；为购销行为提供信息服务；还可以以市场为导向，专业化生产某一种或几种粮食、瓜果等农产品。所以，在市场经济条件下，借助现代化推动，小规模农业尽管难以担得起带领他们致富的重任，但至少具有风险缓冲和养老保障功能，有助于温饱问题解决。因而，若走出农业为下策的话，那么职业分化后势必意味着这种最起码的生存状态将恶化，那么即使最普通的农民也不太可能如此选择。事实上农民工呈现了持续增长现象，截至 2017 年总量已经达到 2.87 亿多人①，这么多人的流转主要以非政府组织的自愿选择行为为主，他们增加了工资性收入，更多的农民实现了从单一的家庭经营性收入为主的收入结构到家庭经营性收入和工资性收入等多元收入结构的变化，这是他们基于农业现实，对家庭劳动力资源积极配置的行为，这种配置多以不损失或少损失农业经营利益为前提，以增加工资性收入为主要目的，以实现家庭收入的最大化为结果。

可见，农民以走出农业为主要出路不仅不是下策，对多数人而言，更具有上策选择的特点。农民能在分化的职业上获取比分化前更高更稳的收入，也能合理配置家庭劳动资源，同时满足二、三产业对劳动力需求，顺应经济发展。因此，职业分化与农民收入之间具有正相关性。下面将借助实证分析进一步验证。

二 职业分化与农民收入的灰色关联分析

（一）选取分析方法

为了分析职业分化行为与农民收入问题之间的紧密性和关联程度，需要实现对两个系统发展变化态势的定量描述和比较分析。由著名学者邓聚龙教授首创的一种系统科学理论——灰色关联分析方法（Grey Theory），此分析方法是根据各因素变化曲线几何形状的相似程度判断因素之间关联程度的方法，其基本思想是通过确定参考数列和若干个比较数列，通过对参考数列和比较数列的几何形状的相似程度及其发展趋势的相异程度进行判断，从而确定之间的关联性的方法，能够帮助确立职业分化与农民收入之间的关系。

（二）基本分析思路

第一步，确定职业分化与农民收入的数列

---

① 数据来自《中华人民共和国 2017 年国民经济和社会发展统计公报》，2018 年 2 月，国家统计局（http://www.stats.gov.cn/tjsj/zxfb/201802/t20180228_1585631.html）。

确定数列包括：确定反映系统行为特征的农民收入数列，即参考数列；影响系统行为的比较数列，即职业分化数列。

设参考数列（亦称母序列）为 $Y = \{Y(k) \mid k = 1, 2, \cdots, n\}$；比较数列（亦称子序列）$X_i = \{X_i(k) \mid k = 1, 2, \cdots, n\}, i = 1, 2, \cdots, m$。

第二步，无量纲化处理职业分化与农民收入数列

系统中各序列的数据会存在量纲不同的问题，在进行灰色关联分析时，先对数据进行初值化处理，消除量纲，即无量纲化，使各因素便于比较，得出正确结论。其操作如下：

$$x_i(k) = \frac{x_i(k)}{\frac{1}{n}\sum x_1(k)}, k = 1, 2\cdots, n$$

第三步，计算职业分化与农民收入数列的差异序列，并确定最大值与最小值

先计算出农民收入序列 Y 与各个比较序列，即职业分化序列 X_i 之间的差异，即

$\triangle_i(k) = |Y(k) - X_i(k)|$，k 表示时间，通常为 k = 1, 2, $\cdots$, n

再从差异数据 $\triangle_i(k)$ 中找出最小差和最大差，即

$$\min_k |Y(K) - X_i(k)|,$$
$$\min_k |Y(K) - X_i(k)|,$$

再从职业分化序列的最小、最大差中确定最小值、最大值，并记为：

第四步，计算农民收入与职业分化数列的关联系数

$$\Delta_{\min} = \min_i \min_k |Y(K) - X_i(k)|,$$
$$\Delta_{\max} = \max_i \max_k |Y(K) - X_i(k)|,$$

即 Y(k) 与 X_i(k) 的关联系数：

$$r(Y(k), X_i(k)) = \frac{\Delta_{\min} + \rho \cdot \Delta_{\max}}{\Delta_i(k) + \rho \cdot \Delta_{\max}}$$

其中，ρ 为分辨系数，$\rho \in (0, \infty)$，通常 ρ 越小，分辨力越大，一般取值区间为 (0, 1)，具体取值可视情况而定。但当 $\rho \leq 0.5463$ 时，分辨度最好，故通常取 $\rho = 0.5$。

第五步，计算农民收入与职业分化数列的关联度

关联系数是农民收入数列与职业分化数列在各个时刻的关联值，数值不止一个，为便于进行整体比较，可将各个关联系数求平均值，作为农民收入与职业分化数列之间的关联程度。

关联度 $r(Y, X_i)$ 计算公式如下：

$$r(Y, X_i) = \frac{1}{n}\sum_{k=1}^{n} r(Y(K), X_i(k))$$

第六步，关联度排序与分析

对所计算的 i 个关联度按大小进行排序。一般如果 $r_1 < r_2$，则说明比较数列 $x_2(k)$ 对参考数列 Y 的影响更大，依此类推。关联度为 (0, 0.35] 时，关联度弱；(0.35, 0.65]，关联度中；(0.65, 0.85]，关联度较强；(0.85, 1] 关联度极强[1]。

（三）数列变量选取

本书关注农民职业分化与农民收入之间的相关性问题，故将农民收入作为参考序列，而视职业分化方面的数据序列为比较序列。根据研究需要选取农民人均收入作为参考序列 $Y(k)$；农民工增长率、外出农民工人数、乡村人口比重分别作为比较序列 $x_1(k)$、$x_2(k)$、$x_3(k)$。具体如表4—4：

表4—4 农民收入与职业分化的灰色关联数据表

年份	农民人均收入 $Y(k)$（元）	农民工增长率 $x_1(k)$（%）	外出农民工[2] 人数 $x_2(k)$（万人）	乡村人口比重 $x_3(k)$（%）
2009	5153.2	1.9	14533	51.66
2010	5919.0	5.3	15335	50.05
2011	6977.3	4.4	15863	48.73
2012	7916.6	3.9	16336	47.43
2013	8895.9	2.4	16610	46.27
2014	9892.0	1.9	16821	45.23

---

[1] 李国柱：《中国经济增长与环境协调发展的计量分析》，博士学位论文，辽宁大学，2007年。
[2] 根据国家统计局农民工监测报告制度所界定，本地农民工主要是指在户籍所在乡镇地域以内从业的农民工；外出农民工是指在户籍所在乡镇地域外从业的农民工，通常工作6个月以上。

续表

年份	农民人均收入 $Y(k)$ (元)	农民工增长率 $x_1(k)$ (%)	外出农民工人数 $x_2(k)$ (万人)	乡村人口比重 $x_3(k)$ (%)
2015	10772.0	1.3	16884	43.90
2016	12363.4	1.5	16934	42.65

资料来源：农民人均收入、乡村人口数据来自《中国统计年鉴》（2017）；2009年农民工数据来自《中国农村住户调查年鉴》；2010—2016年农民工数据根据相应年份《国民经济和社会发展统计公报》整理。

（四）数据操作

对表4—4数据变量的无量纲化处理（各序列每年的统计值与整列序列的均值作比值，即采用均值化法）、计算差异序列并确定最大值与最小值、计算关联系数（取 $\rho=0.5$）和依照公式：

$$r(Y, X_i) = \frac{1}{n}\sum_{k=1}^{n} r(Y(K), X_i(k))$$

计算关联度，可得出：

$$r_1 = 0.5628; \quad r_2 = 0.7952; \quad r_3 = 0.7220$$

（五）结果分析

通过对比农民收入与职业分化数列的关联度可以看出：$r_2 > r_3 > r_1$。结果说明：

1. 农民工外出就业对于收入增长的推动作用远大于农民工数量变动本身，即农民工外出就业与其收入的相关性更高。现实中大规模的农民工选择跨地区进行转移就业的现象即是实践证明。跨地区长期转移就业尽管存在成本高的问题，但是，更具有工作机会相对多的选择优势，能拓宽他们的收入空间。据2017年国家统计局公布的农民工监测数据显示，农民工外出务工与本地务工的月均收入分别为3805元、3173元，月均收入存在632元差距，外出务工农民月均收入比本地务工农民工高20%，增速比本地务工农民工高0.2个百分点。

2. 乡村人口比重的下降与农民收入增长具有较强的关联性。社会人口按照城乡划分主要以乡村人口与城镇人口两种主要形态存在，当前乡村人口比重的下降过程，通常伴随着非农业人口的增加现象，是一种就业结构的调整行为，意味着城镇人口的增长过程。这一增减变化，恰恰是当前农民职业分化行为的主要表现形式，显示了人口就业结构变化与农民收入水平之间的关联程度很高。

3. 农民工数量变动与乡村人口比重的变化之间具有一定的相关性，然而更存在差别，并非可以等同。分析显示，农民工数量变动与农民收入之间的关联系数虽然低于乡村人口比重的变化，然而，关联程度也处在中等以上的水平，显示出二者之间也具有较好的关联度，说明农民工数量的变动对相关群体的收入产生了明显的影响。

综上可见，农民收入与能体现农民职业分化的相关数列变量之间虽然关联程度有所差异，然而，关联值均超过 0.5，最高的接近 0.8，说明农民收入与其职业选择具有较强的关联性，即农民职业分化行为必然会对其收入产生影响。这种影响不仅可以带来相关群体在收入数量上的增减问题，更可以引起他们家庭收入结构的变化，尤其可以带来家庭主要收入来源的变化，出现以农业为主要职业的农民其家庭收入以农业经营性收入为主要收入的结构，和以非农工作为主要职业的农民其家庭收入以工资性收入为主要收入结构的现象。短时期内，还会因职业选择的差异而引起农民收入差距的拉大等问题。

因此，分析农民收入问题不能再选择传统的分析视角，继续忽视农民职业选择上的差异给他们收入带来的重要影响，而应该结合农民家庭的主要职业选择情况进行分类分析，才能更好地揭示农民收入问题，更全面地把握农民收入的实质。

第四节　本章小结

本章分析了经济发展进程中的一种就业结构变化现象，即一、二、三产业的就业人口变动。从当前我国社会现实来看，主要就是农民职业分化，以农民就业领域从第一产业到二、三产业的转移现象为主要表现。这一现象遵循了社会和经济发展的基本规律，体现了生产力对生产关系的调整与完善。当前，农民职业分化现状主要为：农民择业观念具有代际差异；职业非农化的农民数量增加；高素质农民引领分化进程；农民工务工地的选择在变化；非农化农民的就业领域集中等五个方面。

职业分化与农民收入之间的关系具有正相关性。如果农民到非农岗位就业不是增加收入，而是减少收入，农民的职业分化将可能为零。他们的选择行动，说明了其抉择具有非农工作可以增加其收入的经济理性，这也正是当前农民向非农领域流转已经形成巨大规模的真正原因所在。

通过灰色关联方法对农民收入与职业分化关系的实证分析显示：农民职业选择与其收入具有较强的关联性，即农民职业分化行为必然对其收入产生影响，引起家庭收入结构，尤其是家庭主要收入来源的变化。提示我们：分析农民收入问题，应该结合其家庭主要职业选择情况进行分类分析，才能更好地揭示农民收入问题的实质。

第五章
职业型农民收入增长分析

因研究视角与研究目的上的差异，对农民职业分化类型的划分将有所不同。比如：王丽双等人（2015）认为职业分化后农民形成了纯农户、Ⅰ兼农户、Ⅱ兼农户、非农户四类人群[①]；李宪宝等人（2013）认为农民可以呈现出纯农户→农业兼业户→非农户、纯农户→非农兼业户→非农户、纯农户→农业兼业户→非农兼业户→非农户、纯农户→非农户等多种分化途径，与农户的资源禀赋、行为偏好、发展环境等因素有关[②]。

本书将基于职业分化与农民收入的关联关系，以有无农业经营性收入和农业经营性收入在总收入中所占比重为标准，将农民划分为两大类：职业型农民和兼业型农民。而从收入视角而言，无农业经营性收入的农民，已经不具备农民的基本特征，故不作为本书研究的对象。

本章将重点围绕职业型农民收入增长问题进行分析。

第一节 职业型农民及其收入的现实意义

本书中职业型农民是以家庭经营性收入为主要收入的农民群体，农业领域经营效益的好坏直接决定着他们收入的实际状况，而其收入状况对农业经营与发展具有直接影响，因此，职业型农民收入增长问题与农业的未

[①] 王丽双、王春平、孙占祥：《农户分化对农地承包经营权退出意愿的影响研究》，《中国土地科学》2015年第9期。

[②] 李宪宝、高强：《行为逻辑、分化结果与发展前景——对1978年以来我国农户分化行为的考察》，《农业经济问题》2013年第2期。

来密不可分。从政策层面已经显示出，国家在区别职业型农民和一般农民，比如：2015年的一号文件提出将直补资金的20%用于支持发展家庭农场且在部分地区进行了试点；2016年调整了补贴方式，建立了农业支持保护补贴制度，旨在支持农业的可持续发展和规模经营；2016年实施的包括吉林省在内的玉米价补分离改革就倾向于补贴土地实际经营主体。这些新政策均具有向土地实际经营者实施倾斜的导向。

一 职业型农民的社会意义

（一）职业型农民以经营性收入为主要收入

农民收入通常由经营性收入、工资性收入、转移性收入和财产性收入四部分构成。前面的分析已显示出，家庭经营性收入和工资性收入已经成为农民收入的主要构成部分，而且工资性收入增长能力较为突出，对全国而言，其作用已经与家庭经营性收入的贡献能力相当，在发达地区更成为农民收入的第一来源。但对职业型农民而言，工资性收入可以存在，也可以不存在，即使存在其比重也应该较低，他们收入的主要来源应是农业范畴的家庭经营性收入，这与他们的职业选择紧密相关。传统意义上，农民之所以是农民就在于他们以农业经营性工作为职业，《说文解字》（我国东汉经学家、文字学家许慎所著）就认为"农者，耕也、种也"；《乡村社会变迁》的作者，美国学者埃弗里特·M.罗杰斯也指出，"农民是农产品的生产者和传统定义的乡下人"[①]。

本研究的职业型农民主要包括：

其一，职业型农民Ⅰ。这部分农民在分化面前基本条件相对较差，比如：老年农民、农村留守群体等，他们主要是在失去了其他非农选择机会的情况下以农业为职业。这其中也包括部分基于情感因素选择农业的人。我国传统农民对土地和农业存在一种难割舍的感情因素，特别在做是否流转土地的决策中表现更为充分，他们收入结构中工资性收入基本不存在，

---

① ［美］埃弗里特·M.罗吉斯、［美］拉伯尔·J.伯德格：《乡村社会变迁》，王晓毅等译，浙江人民出版社1988年版，第321页。

除了转移性收入和少量的财产性收入外，来自农业的经营性收入是主要收入，这里视他们为职业型农民Ⅰ。

其二，职业型农民Ⅱ。这部分农民可称得上职业型农民的精英部分，他们相对于职业型农民Ⅰ而言，在文化水平、管理能力、资金储备、信息搜集等方面都具有明显优势，以国家所提出的新型职业农民为主体。这部分农民通常有文化、懂技术、会经营、善管理、有人脉，主要由家庭农场主、规模饲养大户、新型经营主体的经营者、合作经营或专业化组织的从业者以及返乡创业的青年农民工等从业群体组成。这些人主要以农村为生活的地域载体、以农业为主要的生产经营领域、身份为农民、时间上以全部精力或主要精力从事农业生产经营活动，家庭收入以农业生产经营领域的收入为主要收入来源，与以工资性收入为主要收入来源的兼业型农民之间存在着收入上的本质差异，这里视此类农民为职业型农民Ⅱ。

然而，不论是职业型农民Ⅰ，还是职业型农民Ⅱ都属于本书的职业型农民范畴，他们均以农业经营性收入为主要收入。

（二）职业型农民是未来农业的经营者

随着农民职业分化趋势的加速，分化为非农职业的农民为我国工业化和城镇化的发展提供了劳动力保障，然而，随着农村大量的青壮优势劳动力资源走出农业进入非农领域，农业经营尤其大田种植中"老年农业""妇女农业""留守农业"等形式已经不是局部现象，早已成为了多数农村普遍存在的农业经营行为。无可否认，当前农业中所存在的留守群体主要属于本书所定义的职业型农民Ⅰ，但同时也需要承认，虽然这部分群体是当前农业生产经营领域的主要从业群体，然而，他们的生产水平和生产能力都较低，多具有维生性的农业生产特点，其生产目的具有明显的自给自足的性质，同时也正如孟德拉斯所指出的，"即便是在农业劳动者以理性和经济方式对待土地资本的时候，依然对土地保持着深厚的情感，内心把土地和他的家庭及职业视为一体，即把土地和自己视为一体"①，呈现出他们对土地的一份特殊的感情。其中，基于家庭劳动力分工基础的"留守农业"更展现出农业在家庭内

---

① ［法］H. 孟德拉斯：《农民的终结》，李培林译，社会科学文献出版社2010年版，第53—54页。

"被边缘化"的境地。当然,"留守农业"中也存在大量的以兼业方式经营农业的群体,即出现农闲时完全依靠家庭中的留守者进行管理,然而,农忙时兼业者将回乡忙收忙种的现象。兼业者属于家庭中的优势劳动力,其主要精力从事了非农性工作,主要获取了工资性收入,家庭中的经营性收入主要来自留守者的经营。农业收入对经营者而言或许是主要收入,然而对此类家庭而言,仅能看作他们家庭收入的必要补充,故此类也不属于本研究的范畴。

从发展角度来看,以新型职业农民为主要组成的职业型农民,即职业型农民Ⅱ,对农业未来更具有决定意义,因为他们具备诸多的优势条件,具有带领我国农业向适度规模经营发展的能力,具备推动农业向环境友好型、资源节约型发展的思想,怀有在农业经营领域发挥所掌握的各种资源优势的心愿,更有对农业经营模式与管理模式进行开拓创新的基础,所以,职业型农民Ⅱ将会用更专业的技术和经营管理知识带领农业同市场进行更紧密融合,更追求农业经营效益的最大化(但不仅仅追求利润最大化),更注重提高农业收入能力,更会树立视农业为职业的意识和行为方式,因此,他们不同于美国学者埃弗里特·M.罗杰斯所指出的传统农民"生产的粮食和其它东西,大部分都是自己消费,农民是自给自足的农业生产者"[1]。职业型农民尤其职业型农民Ⅱ的特征不同于恪守"安全第一"的传统农民,将成为一支关键的新型的职业农民队伍,成为未来农业的实际经营群体,当前,需要依靠他们回答和解决我国农业未来"谁来种田"和"怎么走"等农业发展问题,因此,职业型农民Ⅱ的培育问题已经成为推进我国农业现代化建设的一项基础工程和战略任务。

(三)职业型农民是美丽乡村的建设者

饶旭鹏(2013)曾认为,青壮劳动力的大量外出务工的结果是农业劳动力的结构性失调[2],指出了农村青壮劳动力职业分化中将会产生的负效应,具有一定的合理性,集中表现在当前所存在的"农村病"方面,比

---

[1] [美]埃弗里特·M.罗吉斯、[美]拉伯尔·J.伯德格:《乡村社会变迁》,王晓毅等译,浙江人民出版社1988年版,第321页。

[2] 饶旭鹏:《农户经济论——基于西北乔村的研究》,人民出版社2013年版,第112—113页。

如：农村活力不足、基础设施破旧与建设滞后、农业生产力下降等问题，不符合美化人居环境、增强农民福祉的发展要求，因此，新农村建设，生态农村培育是关系着农民生存质量的问题，必须得到重视，建设"生产发展、生活宽裕、乡风文明、村容整洁、管理民主"的新农村，注重对农村留守群体的居住环境建设，规划宜居社区，改善农村生存与生活环境，重视缩小城乡之间的居住差距。

以上举措都很重要，然而，单单依靠这些还不够，并不能完全实现农村的美好，因为，农村美好环境的形成与长久存续更需要"人"的元素，只有"人"才能带去农村的生产繁荣、生活幸福、社会祥和。正如农业发展需要依靠职业型农民一样，职业型农民也是实现农村美丽、幸福与发展的希望与动力，只有留在农村生产生活的这部分农民富有生机、具有创新能力，才能推动他们居住环境的改善，才能保证其生存载体的生机活力。

二 职业型农民收入的现实意义

现代化过程推动农民职业分化向深层发展，职业型农民将以经营性收入为主要收入，将被培育为未来农业的实际经营群体，也将是美丽乡村的承载者与建设者，所以，职业型农民的培育关系着农业稳定与发展，具有重要的现实意义，而收入是体现其社会地位和经济价值的重要尺度，故职业型农民的收入问题意义明显，因为若这部分人收入很低，农业的效率就不会高，农村就不会安定团结，农民就很难生活幸福。

职业型农民收入的现实意义主要可以体现在：

1. 收入是职业型农民经营管理农业的成效体现

在追求效率的现代社会中，劳动、成果与收入应该更对等，才能更有利于激发生产者的积极性与创造力，因此，收入高低成为能力与水平的一种体现方式。收入低则意味着劳动能力低或者职业选择错误，若是职业选择上的问题，那么就会出现低收入的职业型农民弃农转非的选择性调整，当然，此现象更容易发生在职业型农民Ⅱ上，其影响将更深远，会加剧农业的人才短缺问题。因此，保证职业型农民尤其职业型农民Ⅱ收入的稳定与公平，才能促使他们的生活更体面，才能有助于让职业型农民与其他行业的从业人员一样获得社会的相应的认可与尊重。

2. 职业型农民的收入既影响再生产，也影响其消费行为

自给自足的小农形象已经与当前职业型农民相差甚远，现代化进程要求职业型农民成为市场经济的经营主体。作为市场经营主体，从生产者角度上，他们是粮食等生活资料的生产者和提供者（当然，许多农产品也是工业加工的原材料），其产品需要按照市场原则进行等价交易，销售农产品的货币收入多或少都是劳动成果的货币体现，是其进行农业再生产的基础与保障，直接能影响到再生产的投资能力与生产水平。另一方面，职业型农民也是社会的消费者，而且既是生产资料的消费者，也是生活资料的消费者，在对生产和生活资料进行消费时，同样需要按照市场原则进行商品交易才能实现，收入状况将对其消费行为产生瓶颈效应，影响其消费选择与消费能力。因此，无论从生产者层面还是消费者层面，职业型农民的收入都是他们存在的基础，更是提高其生产能力和改善生活水平的重要保障。在同等水平上，或者说在一个相对较高的同等收入水平上，职业型农民的家庭经营收入所占比重越高，则职业型农民的地位越稳固，越有利于农业的稳定发展。

3. 职业型农民收入也是社会收入公平程度的体现

当前，农民收入总体上低于社会的平均水平，而职业型农民以农业经营性收入为主要收入来源，更具"农民收入"的代表意义。因而，职业型农民收入状况是社会最基层群体的收入体现形式，其水平高，通常意味着社会平均收入水平的提高，阶层收入差距的缩小，社会阶层之间的财富分配更趋合理与公平，能体现社会生产水平的进步。所以，职业型农民收入不仅是其群体收入的体现，也具有社会收入公平程度的体现性能。

综上可见，职业型农民及其收入问题是关系农业未来、农民发展、农村稳定的问题，需要从政治高度审视。

第二节　职业型农民收入现状

本书根据农民家庭收入主要来源的差别，将农民划分了职业型农民和兼业型农民两类，但限于目前官方统计数据并没有相应分类，无法提供本研究需要的数据，因此，下面将主要基于问卷调查对吉林省职业型农民收

入现状进行描述性分析。

一 职业型农民收入的问卷分布

分析所基于的问卷是经过了对全部回收问卷的信息获取状况、逻辑结构与合理性等多方面筛查后的有效问卷。

吉林省的东、中、西三大地区的差异性，无论是在自然条件还是在社会经济条件方面都较为特殊，东部主要为山区和林区、中部为松辽平原农业区、西部为草原湿地区，塑造了吉林在中国的重要林业基地、商品粮生产基地和国家畜牧业基地的地位；但从社会经济结构而言，以长春、吉林为中心的中部地区是经济发展最好的地区，2017年两市GDP总值占全省近60%，其中长春市GDP总值占全省40%以上①。所以，在问卷发放数量的分布上充分考虑了吉林省在东、中、西三大地区上的地域差异，同时，在同一市区内的样本选取中坚持了随机原则，实现了样本在三大地区上的事前控制与调查实施中具体调查对象上的随机性的良好结合，很好地保证了所调查的样本能够反映全省总体样本的基本特征。

图5.1显示出，职业型农民仍然是吉林省农民的主体部分，全省超过55%农民属于职业型农民；从各地区问卷中职业型农民的比重来看，西部

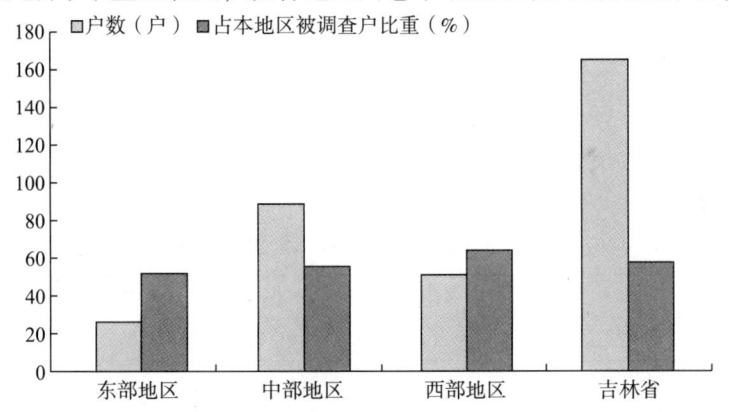

图5.1 职业型农民的有效问卷分布状况

资料来源：根据调查数据整理计算而得。表5—1和表5—2数据来源同此。

---

① 根据统计年鉴的相关数据计算而得。

地区的比重最高，超过了61%，而东部地区和中部地区比重基本相当，然而与西部地区存在10个百分点左右的差距。

二 职业型农民收入的来源结构

从来源结构上看（见表5—1），吉林省职业型农民收入主要体现在：

1. 种植业收入是其收入的主要来源。问卷显示，接近99%的职业型农民有种植业收入，且种植业收入的来源非常单一，主要依靠玉米种植，水稻、大豆及小杂粮等作物的种植比重低，这种现象的出现与吉林省的地域位置、自然条件和玉米生产特点都有关系。

2. 养殖业收入是农业经营性收入的有效组成部分。1/4农户选择了在种植农作物的同时经营养殖业，开拓农业领域的收入渠道；从地区分布上看，东部地区的比重最低，少于20%的职业型农民有养殖业收入。

3. 工资性收入也是职业型农民的重要收入渠道。东部地区的职业型农民中52%的家庭有工资方面收入，西部地区尽管稍低，也接近1/3。

4. 财产性收入是吉林省职业型农民家庭收入的必要补充。目前，农民的财产性收入主要来自于土地租金收入，可能东部地区土地流转最多，且参与流转农户的数量比重高，故其地租收入就多，从而，调查显示出吉林省东部地区的财产性收入比重最高，而全省仅接近1/3的职业型农民家庭收入中有财产性收入，中部地区最低。这与我们的一般感知可能不完全一致，或许与调查样本及样本的覆盖面也有一定的关系。但总体上符合财产性收入在农民收入结构中贡献能力较低的普遍现状。

表5—1 职业型农民的收入来源分布状况

		东部地区	中部地区	西部地区	吉林省
种植业收入	户数（户）	25	85	47	157
	比重（%）	100.00	100.00	95.92	98.74
养殖业收入	户数（户）	4	24	13	41
	比重（%）	16.00	28.24	26.53	25.63

续表

		东部地区	中部地区	西部地区	吉林省
工资性收入	户数（户）	13	36	16	65
	比重（%）	52.00	42.35	32.65	40.88
财产性收入	户数（户）	11	16	15	42
	比重（%）	44.00	18.82	30.61	26.42

三 职业型农民收入水平

表5—2显示了吉林省职业型农民收入的状况，可以看出：

1. 西部地区低于全省平均水平近16个百分点，收入水平总体上最低，与最高的中部地区收入差距超过万元，而中部地区家庭收入高出全省平均水平8个多百分点。

2. 从家庭种植业收入来看，种植业收入比重均占家庭总收入的六成以上，其中，西部地区更是接近八成的收入来自种植业。因此，调整优化家庭经营结构，如建立农牧结合的家庭经营结构，有助于克服土地的限制，并有利于在微观层次内实现农牧转化，扩大农民收入渠道，改善土壤生态环境，降低产品成本，对职业型农民收入的稳定与增长具有重要作用。同时，农民的经营性收入数据进一步说明，家庭经营性收入是其主要收入，即使最低的东部地区也接近家庭总收入的67%，稍高于宏观统计数据所显示的吉林省家庭经营性收入的比重。

3. 正如前面论述的，一方面，工资报酬收入也是职业型农民家庭收入的重要渠道，不仅表现在比重上，也体现在金额上，最低的西部地区也超过了家庭收入的一成，东部地区更接近1/4的水平；另一方面，这种现象的形成也说明了农业经营性收入对职业型农民增加收入的贡献水平与贡献能力有待提升，这不仅是关系到职业型农民家庭收入多少的问题，也是一个关系到职业型农民生产积极性与稳定性的问题，更是一个会影响到农产品供给能力与供给稳定性的事情。因此，如何增加职业型农民在家庭经营方面的收入能力是一个需要社会尤其是宏观管理部门积极思考和应对的现实问题。

4. 转移性收入也对职业型农民增加家庭收入发挥了作用。在惠农补贴为主的财政转移支付的作用下,转移性收入对职业型农民收入平均贡献了5个多百分点,但从分布上看还存在明显的区域差异,东部地区贡献能力更强,超过6个百分点。因而,侧重提高职业型农民在转移支付方面的收入比重应该成为今后农业政策所考虑的问题和改革重点。

5. 财产性收入的贡献能力低且地域差异小,与其对农民收入作用的普遍特点相一致。

表5—2 职业型农民的收入状况

		东部地区	中部地区	西部地区	吉林省
家庭总收入(元)		49544	52347	40948	48393
家庭种植业收入	金额(元)	31550	31856	32099	31883
	比重(%)	63.68	60.86	78.39	65.88
家庭经营性收入	金额(元)	32990	41131	33807	37594
	比重(%)	66.59	78.57	82.56	77.68
家庭工资性收入	金额(元)	12352	8236	4573	7755
	比重(%)	24.93	15.73	11.17	16.03
家庭转移性收入	金额(元)	3036	2626	2091	2525
	比重(%)	6.13	5.02	5.11	5.22
家庭财产性收入	金额(元)	1166	354	477	520
	比重(%)	2.35	0.68	1.16	1.07

第三节 职业型农民收入增长潜力

一 兼业指数高,具有获取农业经营性收入优势

德国经济学家霍夫曼(Walther Hoffmann)曾经提出了霍夫曼比例或称为霍夫曼系数,即:霍夫曼系数=消费资料工业的净产值/生产资料工业的净产值。霍夫曼通过消费资料工业的净产值与资本品工业的净产值之比来反映重工业化程度[①],也有研究借助"离农率",即离农人数/村民总人

---

① 孙久文、叶裕民:《区域经济学教程》(第二版),中国人民大学出版社2010年版,第78页。

数指标来分析农民兼业程度①。本书将借鉴此类研究的分析思想，用农民的经营性收入与工资性收入的比值来反映农民经营的兼业化水平，用于分析吉林省职业型农民发展的空间优势。即：

$$兼业指数\ H = \frac{农民经营性收入}{农民工资性收入}$$

参照霍夫曼系数 H 的判断尺度，研究中兼业指数 H 也以 $4<H\leqslant6$、$1.5<H\leqslant4$、$0.5<H\leqslant1.5$、$0<H\leqslant0.5$ 为阶段判断的分析标准：

1. 兼业指数为 $4<H\leqslant6$ 时是兼业化第一阶段，此阶段家庭以农业经营为主，家庭经营性收入在家庭收入中占据主体地位，非农性质的工作机会相对较少，家庭的工资性收入比重低；

2. 兼业指数为 $1.5<H\leqslant4$ 时是兼业化第二阶段，此阶段整个社会为农民提供的家庭经营机会和非农工作机会都在增多，但相比之下，非农工作机会的增长速度更快，然而，并没有改变家庭收入仍然以农业经营方面收入为主体的状况，家庭的农业经营性收入仍然是工资性收入的 2.5 倍左右；

3. 兼业指数为 $0.5<H\leqslant1.5$ 时是兼业化第三阶段，此阶段社会为农民提供的从事家庭经营和非农工作的机会基本均等，家庭收入来源中农业经营性收入和工资性收入相当；

4. 兼业指数在 $0<H\leqslant0.5$ 时为兼业化第四阶段，此阶段社会为农民所提供的非农工作机会增多且呈现快速增长现象，总体上，农民收入以工资性收入为主要收入，家庭经营性收入比重低且将不断下降，前者的比重已经超过后者的比重。

也就是说，兼业指数越高，意味着农民收入中经营性收入比重越高，而随着工资性收入增加，工资性收入的比重逐步提高，则兼业指数将下降。

根据以上标准，可见，自 20 世纪 90 年代以来，无论全国还是吉林省，兼业指数均明显下降，意味着工资性收入在家庭收入中的比重在增加，同时，家庭经营性收入在家庭收入的作用能力在下降，这一进程中，吉林省

---

① 陆福营：《转型时期的大陆农民分化——以浙江四个村为典型案例分析》，《中国社会科学季刊》（香港），2000 年春季卷。

农民的兼业指数与全国指数之间的差距也在缩小（见图 5.2）。这说明吉林省在农业生产上的绝对优势也在下降，工资性收入在增长，农业经营收入对农民总收入的贡献能力减弱。与其他省份的同期对比更可看出，兼业指数与地区经济发展水平密切相关，发达省份通常指数低，比如：上海 0.07、北京 0.12、浙江 0.40、天津 0.44、广东 0.54、江苏 0.61，而高指数多集中在粮食产出水平高或经济发展相对缓慢的省份，比如：吉林 3.20、黑龙江 2.64、内蒙古 2.54、西藏 2.38、新疆 2.23（见图 5.3），经与前几年的指标比较可见，也同样具有以上特点。

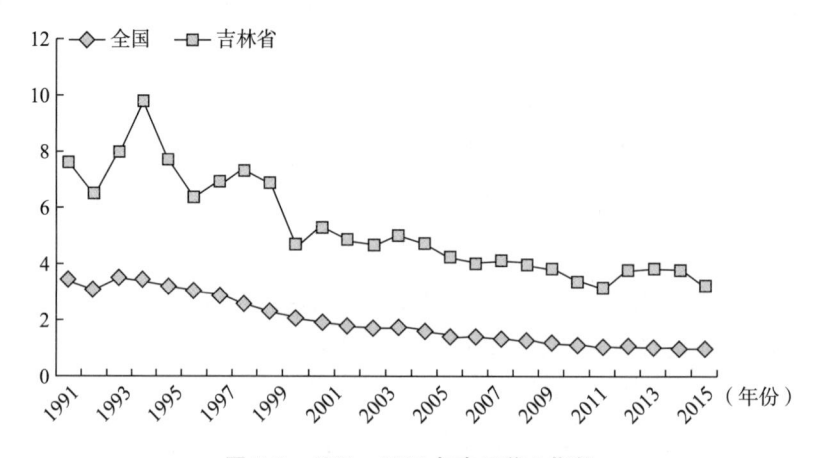

图 5.2　1991—2016 年农民兼业指数

资料来源：根据《中国统计年鉴》资料计算而得。

总体上，吉林省的农民兼业指数明显高于全国水平和多数省份。究其原因，可能包括这样几个方面：一是改革开放后吉林省的工业化进程缓慢，特别是民营经济在与全国的比较中，起步较晚；二是吉林省农民人均耕地较多，且耕地资源条件较高，土地生产率较高，生存压力相对较小，进而农民走出土地务工的压力也较小；三是在 20 世纪八九十年代，农民就业区域主要在珠三角和长三角，吉林省在区位上，偏于一隅，空间距离较远，务工机会成本和就业风险较高；四是与发达地区农民相比，吉林省农民的商业文化相对淡薄。

可见，吉林省在增加农民的工资性收入方面，相比多数地区存在地域上的劣势性，然而，在提高职业型农民收入上具有农业资源优势，这也正是农

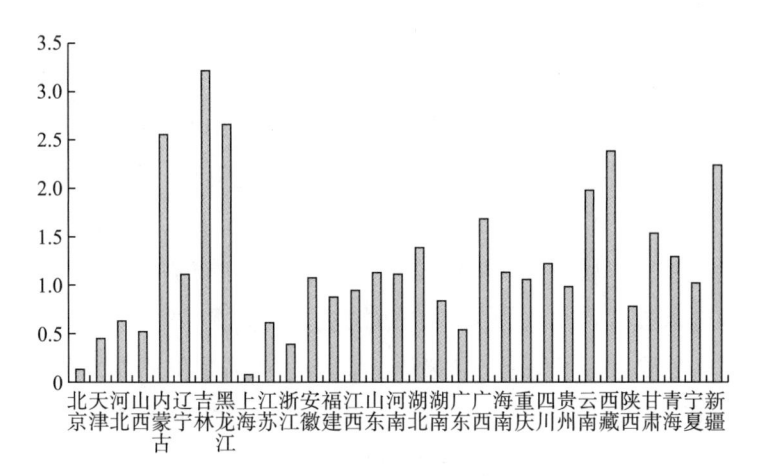

图 5.3　2016 年我国分地区的农民兼业指数

资料来源：根据《中国统计年鉴》资料计算而得。

民收入仍然以农业经营性收入为主，而工资性收入比重低的主要原因之一。

二　区位优势明显，适宜培育职业型农民

由哈盖特（P. Haggett）首先提出并运用于区位分析的区位商分析方法，又被称为专门化率，是衡量区域优势或地区专业化程度的重要方法，通常用一个地区特定部门的产值在地区工业总产值中所占的比重与全国该部门产值在全国工业总产值中所占比重之间的比值来表示。职业型农民作为农民的一部分，相对于总体其状况如何？他们收入增长的潜力又怎么样？都可以借助区位商思想进行分析。

职业型农民是以家庭经营性收入为主要收入来源的农民群体，农业经营性收入是反映其经营能力的重要指标，因此，选用职业型农民的标志性收入农业经营性收入做农业经营性收入与总收入的比较，并与全国的农业经营性收入同总收入的比值做对比分析，即：

$$\text{职业型农民收入的区域优势度 } Q = \frac{\text{吉林省农业经营性收入比重}}{\text{全国农业经营性收入比重}}$$

其中：

$$\text{农业经营性收入比重} = \frac{\text{农村居民经营性收入}}{\text{农村居民人均收入}}$$

通过区域优势度 Q 揭示吉林省在提高职业型农民收入上的基本能力，通常区域优势度 Q 值越高，意味着该地区在此方面更具有区位优势，对区域内农民增收的贡献能力更强。图 5.4 给出 1991 年以来吉林省职业型农民收入的区位优势状况，显示出 Q>1 是一种长期现象[①]，说明了吉林省在这方面具有明显的区位条件。在现代化、城镇化驱动下，当前国内很多粮食产区的优势地位在减弱，粮食产出尤其商品粮、外调粮的数量在下降，更有部分省份由粮食自给省滑入粮食短缺省，在这种农业生产与供给格局下，吉林省仍然保持了稳定的粮食产出能力、商品粮供给能力和商品粮外调水平，2013 年以来 Q>1.6 现象的多年持续，更彰显了吉林省农民通过农业增收致富的潜力及其中包含的重要社会价值。

另一方面，与全国其他地区的区域优势度对比也能进一步显示出吉林省在此方面的区位优势（见表 5—3）。北京、上海、天津、广东和江苏等地区的区位优势度 Q<1，尤其北京和上海两地多年以来 Q<0.5，我国多数地区在 1—1.5 区间，高于 1.5 的地区少，而吉林省近些年一直是此区间的几个少数省份之一。总体上，Q>1 的地区主要由两类组成：其一，粮食主产区；其二，农业经营资源尤其优质耕地数量相对较少的省份。

可见，吉林省与黑龙江、内蒙古、河南、山东等地区作为主要的农业大省在农业经营上拥有区位优势，提升职业型农民收入增长能力的潜力较大。

综合吉林省的兼业指数和区域优势度指标可以显示出，相比其他的国内地区，吉林省在发展职业型农民方面具有明显的优势。但如何科学利用吉林省的自然优势和区位优势，使其在探索我国农业未来发展道路和国家粮食安全供给能力建设上做出更大贡献并非是仅靠吉林省现有条件即能解决的事情，因为，保证职业型农民收入稳定并持续增长的影响因素很多且很复杂，吉林省的潜力因素仅是发展职业型农民的基本优势与前提条件。

---

① 利用区位商分析方法分析某一产业的地区专业化程度时，通常以区位商 Q 是否 Q>1 或 Q≤1 进行判断。本书中关于区域优势度指数的判断借鉴此标准。

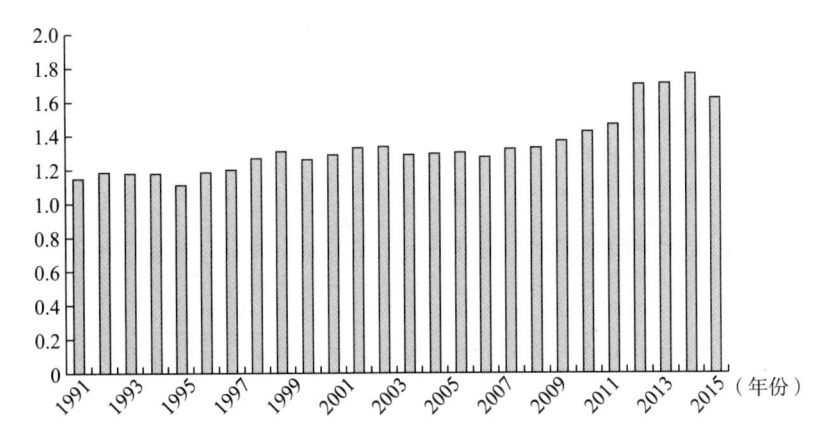

图 5.4　1991—2016 年吉林省职业型农民收入的区域优势度

注：1991 年之前，此方面的统计数据不完整，故自 1991 年开始。图 6.2 同此。

表 5—3　20 世纪 90 年代以来职业型农民收入区域优势度对比

年份	Q≥1.5	1≤Q<1.5	0.5≤Q<1	0≤Q<0.5
1994		黑龙江、西藏、青海、新疆、内蒙古、吉林、海南、湖北、甘肃、河南、宁夏、贵州、广西、云南、湖南、安徽、陕西、江西、四川、山东	河北、福建、广东、辽宁、山西、江苏、浙江、天津、北京	上海
1999		海南、新疆、西藏、吉林、内蒙古、黑龙江、云南、青海、贵州、广西、河南、甘肃、湖北、宁夏、安徽、江西	四川、重庆、湖南、辽宁、陕西、山东、广东、河北、福建、山西、天津、江苏、浙江	北京、上海
2004		新疆、海南、内蒙古、黑龙江、吉林、云南、湖北、青海、河南、甘肃、宁夏、贵州、四川、山东、辽宁、江西、安徽、河北	西藏、广西、山西、湖南、重庆、陕西、福建、天津、浙江、江苏、广东	北京、上海
2009	新疆	海南、云南、内蒙古、吉林、黑龙江、河南、湖北、广西、西藏、甘肃、江西、宁夏、贵州、山东、辽宁、福建、青海、安徽	河北、重庆、四川、湖南、陕西、山西、天津、浙江、江苏、广东	北京、上海
2014	吉林、黑龙江	新疆、西藏、内蒙古、云南、海南、辽宁、广西、湖北、山东、甘肃、宁夏、河南、青海、四川、江西	福建、安徽、贵州、湖南、重庆、陕西、河北、江苏、山西、天津、浙江、广东	北京、上海

续表

年份	Q≥1.5	1≤Q<1.5	0.5≤Q<1	0≤Q<0.5
2015	吉林、黑龙江、西藏	内蒙古、新疆、云南、辽宁、海南、广西、山东、湖北、甘肃、宁夏、河南、四川、江西、福建	贵州、安徽、青海、重庆、湖南、陕西、河北、天津、江苏、山西、广东、浙江	北京、上海
2016	吉林、西藏	云南、新疆、黑龙江、内蒙古、广西、山东、海南、辽宁、甘肃、湖北、四川、宁夏、河南、安徽、福建、江西、贵州	青海、重庆、湖南、河北、陕西、江苏、山西、广东、天津、浙江	北京、上海

数据来源：根据《中国统计年鉴》（2017、2016、2015、2010、2005、2000、1995年）计算所得。

第四节　职业型农民收入增长影响因素

从已有的关于农民收入的研究文献来看，影响农民收入的因素很复杂，主要包括了素质观念性因素、资源性因素、环境性因素、政策制度性因素、成本性因素、市场性因素、结构性因素等多方面。本书主要是基于对吉林省的分析，吉林省是国家重要的商品粮生产基地，调动农民生产积极性的意义也很重要，故在借鉴已有文献所选因素的基础上，确立了素质状况、经营成本、政策机制、生产条件与经营状况、自然灾害、经营预期和其他经济收入几类影响因素。

一　素质状况

农业现代化是从传统农业向现代农业的转变过程，在这一过程中需要土地、资金等资源给予支持，更需要用现代科学技术和经营管理方法武装农民，建立一支高素质、懂科学、会经营的新型农民队伍，因为农民作为农业经营效果的直接受益者的同时，更是农业生产经营主体，他们的素质状况对经营收入的影响应该是第一位的因素。正如有研究指出的，在社会进步中，传统的先赋身份将被后天努力所获得的文凭、学历、技术证书等"后致因素"所取代，文凭、学历、学位在社会中愈来愈重要[①]。正所谓只

[①] 刘洪仁：《我国农民分化问题研究》，博士学位论文，山东农业大学，2006年，第105—106页。

有农业生产经营者具有相对高的素质，才能达到现代农业要求，保证经营主体获得稳定收入，而教育是提高人力资本的重要手段。正如舒尔茨所倡导的改造传统农业就离不开对农民教育投资和培训投资的增加，所强调的就是对农业从业者的素质改造，提高其技能水平。

当然，素质因素不仅仅包括这些，还应该包括其他因素，比如：身体素质、年龄因素、政治状况，以及性别、婚姻状况、家庭抚养比等，这些因素的综合作用才最终构成了农业劳动者的综合素质状况。

二 经营成本

"投入—产出"是支配生产关系有序循环的永恒规律，社会要解决的便是如何用最小化的投入带来最大化产出的问题。著名的道格拉斯函数就是主要基于此目的对经济生产活动的分析。农民收入来源可以包括经营性收入、工资性收入、财产性收入和转移性收入等几部分，但都是建立在必要投入的基础上，即使转移性收入也是建立在必要面积的土地承包权、农业经营规模或必要设备等生产物资购置基础上的，因此，关注职业型农民收入的影响因素必须考虑生产经营过程的各种先期投入因素。

农业经营中土地是最基本的生产资料，尽管在当前情况下，若不发生土地经营权的转入，就可以看作无土地成本的单独投入，但从机会成本角度而言，若流转至少能获得租金收入，况且其他投入通常都与土地面积呈正比关系，比如：种子、化肥、农药、薄膜以及劳动投入等。随着农业经营方式调整，农业经营的规模化、机械化等也成为增加生产环节的雇工成本和设备成本的重要因素，同时，生产资料价格也是直接关系先期投入多少直至最终收入状况的因素之一，并呈现上涨趋势。其实生产资料价格变化每逢备耕时期都经常成为被关注的问题。吉林省作为国家的重要粮食主产区，其农作物种植主要以玉米和水稻为主，又因处于"世界三大黄金玉米带"上，具有玉米生产的区位优势。调研数据也显示出，多数农户以玉米种植为主，故以下借助所整理的《全国农产品成本收益资料汇编》中关于玉米成本收益情况的数据做进一步说明。

表 5—4 显示出吉林省玉米产量和产值都主要表现为增长趋势①，总成本更呈现出持续增长现象，其中人工成本和土地成本（自我劳动和自我拥有的承包土地都做了折价处理）上涨的更加明显，另外，物质与服务费用也是增长较快的成本之一，各种成本的相对增长，最终使农户经营玉米的净利润不升反降，2014 年以来成本收益率更成为负数，尤其随着国家玉米临储政策的调整；2015 年以来，净利润与成本利润率情况都较差（尽管 2016 年的土地成本、物质与服务费用和人工成本都有不同程度的明显下降）。可见，以生产资料投入、土地投入、劳动力投入等所组成的经营成本投入是影响农民收入的重要因素，然而，直观上成本应是减少总收入的因素，但是否会存在随着生产经营成本投入的变动而收入呈现相应变化的可能，故有必要进一步验证经营成本对职业型农民收入的具体影响。

表 5—4　2001—2016 年吉林省每亩玉米成本收益情况

单位：公斤、元、%

年份	产量	产值	总成本	物质与服务费用	人工成本	土地成本	净利润	成本利润率
2001	381.6	320.34	220.69	144.13	76.56		76.6	31.43
2004	480.5	491.58	427.49	178.55	134.64	114.3	64.09	14.99
2007	416.0	591.97	533.42	230.63	135.23	167.56	58.55	10.98
2010	501.64	908.98	720.93	308.54	188.72	223.67	187.99	26.08
2011	531.98	1136.84	906.87	367.02	255.7	284.15	229.97	25.36
2012	533.56	1233.15	1073.09	387.34	365.56	320.19	160.06	14.92
2013	547.42	1208.71	1142.13	406.24	411.56	324.33	66.58	5.83
2014	523.97	1174.75	1198.04	384.34	433.27	380.43	-23.29	-1.94
2015	512.30	1048.81	1230.80	416.56	422.86	391.38	-181.99	-14.79
2016	586.11	774.43	1172.65	397.80	406.91	367.94	-398.22	-33.96

资料来源：相应年份的《全国农产品成本收益资料汇编》。

三　政策机制

我国工业经济的发展是建立在对农民生产剩余剥夺与窃取的基础上

---

① 2016 年，玉米产值明显下降，主要在于国家玉米临储政策调整所致，非成本因素。

的，这一点在改革开放前是显性的，改革开放后逐步走向隐性化。而从宏观形势来看，新世纪以来启动了调整机制，2006年彻底退出历史舞台的农业税制度和逐步建立起来的对农"反哺"制度就是一个强有力的证明。对农民收入结构的分析也显示出，2004年以来，农民的转移性收入在稳步增加，对拉动农民收入尤其相对落后地区的农民收入改善发挥了作用，当然，通过财政转移支持农业发展、稳定农民增收也是国际尤其发达国家维持农业竞争力或基本供需平衡的重要手段，是国家宏观调控政策的重要组成部分，受到了各国广泛重视。其实，利用政策引导农业发展，保障农民收入也是对农业生产所具有的经济再生产与自然再生产的"二重性"特点的适度调节行为，可促使农业在经济规律和自然规律的双重作用下更好地保持循环机制。

然而，一方面总体上我国当前对农业生产、农村建设和农民收入的宏观支持政策还处于构建与探索时期，规模上相对较小，技术规则较低，体系化较弱，应该把握好"黄箱"政策、利用好"绿箱"政策；另一方面我国当前对农业的宏观政策制度还存在所界定的操作规范、实施对象、制度条件等因素的限制，造成最终的实施效果根本达不到政策目标，也存在政府组织的职能越位、职能错位和职能不到位等制度不足或制度空白等问题，这将在不同程度上影响对农政策初衷的落实和相关群体的利益维护，不利于更好地发挥政策优势和推动农村社会改善、农业经济发展和农民收入提高。总之，农业是各国干预较多的产业，农业政策对农民收入的作用复杂，对以其收入为主要收入的职业型农民群体而言，更不容轻视。

四 生产条件与经营状况

世界银行发展报告《为发展提供基础设施（1994年）》曾提醒全世界，基础设施从存量上每增加1%，会带来GDP的1%增长，因而，基础设施作用重大，被认为是具有"乘数效应"的建设。农业基础设施对保障农业生产、加快农业现代化建设和增加农民经营性收入都将发挥出基础作用。农业是需要在具备了一定条件下的土地上进行耕作经营才能保障经营目的的产业。农业生产经营所需的基础条件很多，包括必要的交通条件、相应的灌溉设施、适宜的生产经营环境等，基础条件状况对经营效果将产生直接的影响。曾有研究指出，基础设施投资增长率与农业产值增长率的关系，表现在水利灌溉设施、公路、农村公路密度上分别可以带来农业产值 1.62、0.62、0.12 的增长率[①]。另外，资源占有状况也会对经营主体的选择产生影响，"资源分散性的兼业对农业生产效率产生负面影响，而资源集聚性的兼业则提升农业生产效率"[②]。

从农业经营效果上看，经营中的实际效果更与农民收入密切相关。我国农业劳动生产率比较低，只占国内制造业的 1/8、服务业的 1/4；单位农村劳动力创造的价值约为 536 美元/人/年，而美国一个农业工人创造的价值高达 68540 美元/人/年，是中国的 128 倍[③]；这说明只有好的产出才可能带来好的经营收益，这也将直接关系到农民生活的质量水平。当前，"增产不增收""谷贱伤农"等问题一直是困扰农业生产经营和农民收入好坏的问题，其中原因，与农产品差异性小，技术层次低，农民是市场价格的接受者相关，也与宏观调控机制不完善有关系。另外，在农业生产的产前与产后环节，政府的信息传递不及时与信息预测不准确的问题也并存，加上农民的分散性与素质低，更造成农民生产经营的稳定性较差。

五 自然灾害

当前，气候变化异常，暴雨、冰雹、大风、沙尘暴、干旱、洪涝及突发性、致灾性天气等自然灾害频发。农业生产受自然规律制约的特性明显，而自然规律的不可控性和难以准确预知的特性给农业生产带来了很大的不稳定性。据研究表明，21 世纪后半期，气候变化对小麦、水稻、玉米

[①] Binswanger H, "The Policy Response of Agriculture", *Proceedings of the World Bank Annual Conference on Development Economic*, Washington: Washington D. C., 1989.

[②] 秦晖、苏文:《田园诗与狂想曲：关中模式与前近代社会的再认识》，中央编译出版社1996年版，第135页。

[③] 张新光:《农业发展与工业化、城市化进程相伴而生》，《农民日报》2008年6月25日第3版。

几种作物的产量将最多下降24%—37%[1]，林而达（2011）的研究成果更显示出，旱灾面积每增加1%，粮食产量将减少9kg/hm²；水灾面积每增加1%，粮食产量将减少15kg/hm²[2]，因而，农业自然灾害对农业生产的影响大。在天灾降临农业之时，农民的长期努力将被彻底毁灭，即使是轻微的减产也将对农民收入造成影响。调查数据也支持了这种认知，水灾、旱灾、风灾等自然灾害对农业收成将产生明显的减产作用。

六 农业经营预期

预期收入的形成是农业经营者基于多种因素研判后所形成的对经营未来的假定，包含了他们的希望，更将成为他们行动决策的基础。"二战"后影响很广的法国心理学家雅克·拉康（Jacques Lacan）所倡导的欲望理论就包括三个层次，即需要（need）、要求（demand）和欲望（desire），前两者属于现象层面，而欲望具有绝对条件性，属于本体的形而上的层面，其处在"要求"与"需要"的裂缝处，是一种浑然的"整体性的缺失现象"[3]。农民进行的生产经营决策当然是基于长期经营实践而逐步形成的，同时，更是在历史经验基础上对生产经营希望的展示，往往也是现实还未能满足他们所要求的，属于要求层面的"整体性的缺失现象"。而"要求"是观念层面的问题，在面对社会激烈变迁时，具有现代观念的农民更能迅速改变行为模式以适应社会发展，获得更多的经济回报；而具有传统观念的农民其应对社会变迁的行为模式改变能力较弱，也只能获得较少的经济回报[4]。

因此，也要重视他们的经营预期，只有积极的预期才能成为他们行动的源动力，启动他们生产经营与决策的主动性与积极性，使其在饱满的热

---

[1] Lin E. D., Xiong W., Ju H., et al, "Climate Change Impacts on Crop Yield and Quality with CO₂ Fertilization in China", *Philos. T. Roy. Soc. B*, Vol. 360, No. 1463, 2005.
[2] 林而达：《气候变化与农业可持续发展》，北京出版社2011年版，第185—186页。
[3] 刘玲：《拉康欲望理论阐释》，《学术论坛》2008年第5期。
[4] 张文礼、刘海兵：《建立财政政策支持的农民增收长效机制》，《农业技术经济》2008年第2期。

情下投身生产与决策，从而激发他们生产经营的创造力；相反，消极预期通常将带来负效应，造成其被动应付，难以投入经营业务的主动管理中，表现为消极低沉。假如农民在经营中所产生的消极预期对兼业型农民影响相对较小的话，对职业型农民尤其对担负了国家商品粮供给重任的粮食产区的农民而言，其作用必须给予重视。

然而，预期与收入之间是否表现为一种必然的关系还需要通过实证来进一步检验。

七 其他经济收入

职业型农民收入现状分析中已显示出，工资报酬收入也是其家庭收入的重要来源。在第四章职业分化与农民收入的关系分析中，也显示了二者之间具有很强的关联性。这意味着即使对职业型农民，尤其非规模经营的农户而言，在以农业经营性收入为主的前提下，必要的其他收入也是增加总收入的方式，比如：兼业从事日常生活用品、生产资料的销售等商业经营活动，根据农业生产特点，合理调配空闲时间，从事某些能够获取一定劳动报酬的兼职工作等。

当前，农民自发流转现象就是实践层的验证；从研究层来看，关于外出务工可以增加农民收入的结论也获得基本认同；再者，从宏观政策而言，积极引导农民流转已经成为解决"三农"问题的重要抓手。

然而，也应该辩证看待职业型农民的兼业行为，兼业行为存在分散经营者的农业经营精力和影响经营能力的可能。因而，兼业经营会对职业型农民收入产生一定的影响，但对农业经营收入的作用方向值得进一步验证。

第五节 本章小结

基于农民职业分化的现实，本章主要分析了职业型农民收入增长问题。首先，职业型农民是以经营性收入为主要收入的农民，他们是未来农业的实际经营者和美丽乡村承载者。通过调查数据分析了吉林省职业型农民的收入现状，显示出中部地区更具收入增长能力。其次，在对其收入增长潜力分析中发现吉林省具有职业型农民收入增长的区位优势，兼业指数也较高。最后，从素质状况、经营成本、政策机制、生产条件与经营状况、自然灾害、经营预期和其他经济收入等因素分析了影响农民收入增长的因素，为第七章的实证分析奠定基础。

第六章
兼业型农民收入增长分析

现代化推动大量的农民从农业走入非农领域，形成了农民职业分化现象，仅在分化较低的1985—2010年的25年间，乡村非农产业从业人员占乡村从业人员的比例就从19%增加到54.96%，且近年来依然在不断地变化着，非农产业人数又增加了1.57亿[①]，因而，职业分化的过程不会很快，并且必然存在着大量兼业形态的农民，他们将越来越不依靠土地为生，然而，只要有土地，他们就还是农民，就还或多或少地拥有农业经营性收入。但从收入主渠道原则来看，兼业型农民收入增长问题是与职业型农民收入增长相对应的另一类农民的收入问题，其内在价值、收入现状、增长潜力及影响因素都将有别于职业型农民。

本章将以兼业型农民收入增长为主线进行分析。

第一节 兼业型农民及其收入的社会意义

一 兼业型农民的社会定位

(一) 兼业型农民以工资性收入为主要收入

兼业型农民一般是以非农工作为主要职业的农民群体，他们对农业的兼业行为主要体现在忙收忙种等农忙时或家庭留守群体对农业的经营行

---

① 李逸波：《现代化进程中的农民职业分化研究》，博士学位论文，河北农业大学，2013年，第30页。

为。这类农民拥有身份象征意义的农村承包地，且至少部分保留了承包地，这种选择是来自于农业内与农业外两种现实的作用结果。从农业外部现实来看，他们能从事的非农职业并不稳定，保留土地成为他们非农工作的最基本保障，也是为非农选择留下的一条退路；从农业内部现实来看，当前农业生产经营中大量地使用机械技术和生物技术，劳动力投入减少，大大提高了农业生产环节的资本有机构成。在人均耕地本来就少的情况下，家庭的有些成员转移出农业主要从事非农工作，家庭其他成员也基本能经营好所承包的土地。

当然，这其中还存在部分身份虽为农民，但已经将所有承包土地的经营权流转甚至以资产形式进行了土地买卖（虽不合法但其实已经流转了土地承包经营权），其收入结构实质上已经不包含农业经营性收入，可能增加了财产性收入。他们实质上已经远离了农业，甚至已在城镇定居，或是从事非农工作而获取工资性收入，或是从事非农性质的经营活动而获取农业外的经营性收入，因生活与工作机制的不同，他们与乡邻见面的机会也逐渐减少。因而，他们已经不具备我们所研究的农民收入的基本规定性，故并不作为本书的对象范畴。

综上可见，本书所关注的兼业型农民尽管具有获取农业经营性收入的能力和渠道，但选择了农业的"兼业化"，且这种"兼业化"水平无论从精力上还是时间分配上都以非农工作为主，所获收入也主要来自非农工作的工资性收入，且其工资性收入的多少将直接关系到他们收入状况甚至于所在家庭的经济状况。同时，无论是其本人还是家庭都已经视农业经营性收入为次要收入，农业经营性收入对他们而言可多可少，甚至也可有可无，成为他们收入规划的"副业"部分，然而，其家庭收入构成中至少还包括农业经营性收入，尽管很少。

（二）兼业型农民是城镇非农岗位所需劳动力的储备者

"精英循环"理论告诉我们，一个社会要想稳定，就要设法吸收平民阶层的卓越人才进入统治阶层，即需要打通社会阶层之间的流通通道。然而，当前我国的部分农民，当他们接受了较好的教育、掌握了一定的工作技能、具有了相应的人际关系和信息流通渠道的时候，这些隐藏在农民工队伍中的特殊的精英群体，具备了从农民阶层向上流转的一定的能力储备和素质要求。然而，目前"向上流转"进程受到了多重因素的阻碍，造成他们流转进程并非通畅，他们长期处在了城镇底层，这种地位与其作为农村走出来的农民精英性质不完全匹配，也促使了这部分人在流转中的犹豫与徘徊心态的形成，因而，他们向上流转的进程可能更波折、更漫长。

然而，这个过程是实现我们社会稳定所必需的演化过程，它可以促使职业分化的农民在实现市民化的进程中更好地适应现代化的发展要求，减轻城镇经济波动对他们的影响程度。其实，兼业型农民的"农村情结"也恰恰适应了这种现实，并可以有效保障在城市可选择机会多时积极主动外出就业，反之，当经济出现波动时可以将农村和农业作为退路，从而农村成为非农岗位所需劳动力的储备地，兼业型农民成为城镇所需劳动者的"预备役"，保障农民职业分化进程和市民化进程均可实现螺旋式上升的趋势，促使市民化进程更稳健。

所以，演进过程中以"受挫群体"而存在的这一社会现象，并不会改变兼业型农民将作为城镇建设的重要劳动力资源而存在的社会地位。总体上，他们选择非农劳动是理性的，也缓解了现代化进程中城镇劳动力资源不足的问题，在实现了自我价值和自我能力提高中更好地适应了现代社会的发展要求。

（三）兼业型农民应以市民化为发展取向

建设新型城镇化的一个重要指标和发展目标就是提高城镇化水平，尤其是户籍城镇化水平。缓解人口城镇化与户籍城镇化之间的差距，其关键在于实现职业分化农民中的长期在非农领域工作、非农收入比较稳定、农业经营性收入被"边缘化"的这部分农民的逐步市民化，以减少长期在城市工作但户籍保留在农村的兼业型农民数量。随着农村人口减少，也可以提高土地流转程度和适度规模经营水平，为职业型农民的发展空间和收入改善创造条件。

本书所关注的兼业型农民是将农业经营性收入主动"边缘化"并长期外出务工的农民，而且他们当中的很大一部分已经作为城镇的常住人口被统计在城镇化率中。从宏观政策层面来看，更倾向于在时机成熟时引导他们积极完成市民化进程，实现在城镇定居并成为真正的城镇人口；从发展趋势而言，他们的市民化趋向也是符合社会发展与人口就业结构调整的基本规律的；从他们的选择而言，尽管当前存在着非农职业不稳定，工资性收入不高，城市接纳能力和接纳环境较差等城市"吸引力"方面的不足，但是他们也要正确面对农村户籍上的"好处"等选择中的利益权衡问题。

然而，不可否认，这些人对农业的感情在淡化。当面对农业生产经营时他们看到的问题总比优势要多，参与农业生产经营的意愿或是在逐渐下降或是根本不存在。保留土地承包经营权主要是作为非农工作的退路，故只要有第二种选择，他们中多数人尤其是新生代农民是不会选择回乡务农，即使回乡也会从事农业生产之外的服务性的商业经营活动，因此，市民化对他们而言或早已成为明确的奋斗目标或是潜意识上的发展方向。故结合政策导向和社会发展趋势，尽管农民是他们身上的标签，但是，兼业型农民尤其新生代农民的发展应以市民化为取向，农村和农业终将成为他们乡愁记忆的重要构件。

二 兼业型农民收入的社会价值

兼业型农民是农民的重要组成部分，这部分农民的发展与做大做强职业型农民也有着紧密的关系，将有助于立志搞农业的职业型农民在相对充裕的耕地等农业资源上施展抱负。兼业型农民将以所从事的非农工作的工资报酬为主要收入，他们作为城镇非农岗位所需劳动力的储备群体在发展的同时，发展取向应该以在城市稳定居住并逐步成为市民为目的。当然，这个进程将会经历一个相对漫长的过程，且兼业型农民在一个较长的时间内都将存在。然而，必须以城市化与现代化的稳健发展为社会大背景，且从根本上也将由其来决定。

从社会角度来看，虽然他们的增收路径主要在农业以外，但兼业型农民的收入问题绝不能忽视，因为，兼业型农民的收入是其非农工作可否坚持的重要尺度，也是离农决策正确与否的重要衡量指标。一旦他们收入太低，将会忽视能力、环境等方面的因素，而可能错误地得出不应选择非农工作的结论，动摇他们在城镇从事农业外工作的信心和发展定位，那么，势必会引起重回农业现象的出现。此现象的出现，一方面将不利于农村土地资源的流转交易，产生对职业型农民收入的连锁反应，影响职业型农民收入的稳定与增长，对农业发展也会产生消极影响；另一方面对工业、服务业等非农产业而言，将会引发劳动力资源供给不足或配置不合理等问题，延缓城镇化进程，影响城乡一体化建设，也将不利于城乡收入差距的有效减小。因而，只有让兼业型农民的收入表现出稳定的增长态势，才能增强收入主体的工作积极性和选择恒稳性，增强他们对非农工作可预期的基本认知，提高农民的职业分化水平、分化速度和城镇化水平与质量。

第二节 兼业型农民收入现状

兼业型农民收入现状的分析基于与职业型农民收入相同的原因，将主要以兼业型农民收入方面的有效调查问卷所得数据进行分析。

一 兼业型农民收入的问卷分布

用于支持兼业型农民收入现状调查分析的问卷数据，与第五章中职业型农民收入现状分析的数据调查与组织方式相同。

兼业型农民有效问卷数量以中部地区居多，但此地区被调查农户中仅46.87%为兼业型农民，虽然高于全省44.79%的水平，但低于东部地区；西部地区最低，仅接近39%；兼业型农民比重最高的东部地区，1/2的农户属于兼业型农民（见图6.1）。

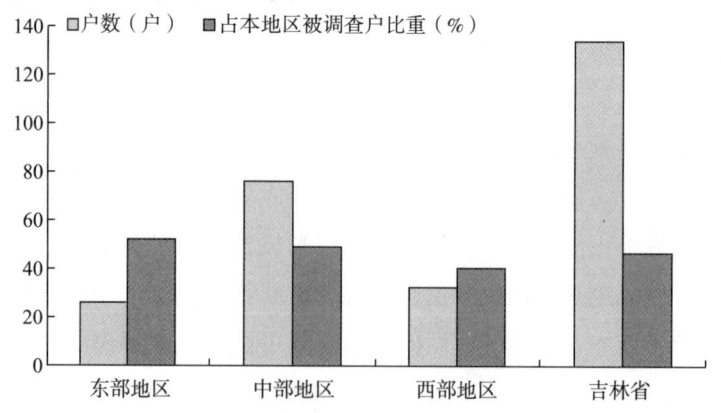

图6.1 兼业型农民的有效问卷分布状况

资料来源：根据调查数据整理计算所得。表6—1和表6—2的数据来源同此。

可见，相比之下，受访农户中职业型农户居多，而兼业型农户比重稍低。这或许也是农民职业分化加速背景下，作为粮食主产区的农业大省吉林省的农民职业分化进程缓慢的表现形式之一。

二 兼业型农民收入的来源结构

通过调查发现，吉林省兼业型农民收入现状从来源结构上看，主要可以体现在如下几方面（见表6—1）：

1. 获取工资性收入的主要职业集中。尽管100%有工资性收入，但从地区上看，获取工资性收入的主要职业存在一定的地域差异，然而并不明显；从全省来看，主要集中在建筑工人、工厂工人、服务业工人及农业工人等几大方面，说明兼业型农民获取工资报酬多集中在相对低端的行业，这些行业基本对技术要求不高，工作稳定性较差，但对体力、年龄要求明显。

2. 转移性收入也是兼业型家庭收入的组成部分。九成农民回答了家庭所取得的转移性收入状况，其中中部地区最高。

3. 回答获得财产性收入的比重总体高于职业型农民近18个百分点（参见表5—1与表6—1），这可能与兼业型农民更易于进行土地经营权流转和获得更多的利息收入有一定的关系。从地区上看，除了西部地区的差异相对较小外，东、中部地区的差距均较大。

4. 农业经营性收入也是当前兼业型农民增加收入的一条渠道。90%以上农户回答了家庭中农业种植业收入状况，而且中部地区的兼业型农民中拥有种植业收入的农户更多，而东、西部地区相对较低，这种现象的形成与土地资源的"二重性"密不可分。吉林省中部地区的土地资源充足且肥沃，作物种植所需要的先期投入相对少，劳动强度也相对低，所带来的收益更合理，这种经营状况为当地农民增加农业经营性收入提供了基本保障，同时非农化的压力也减小。因而，相比其他地区的农民，当地农民在面对职业抉择时，他们"惜土"情结会更明显，农村推力更小，兼业经营的程度更重，从而，耕地资源优势又会成为制约农民分化的因素之一。

5. 也有超过14%受访者回答了家庭的养殖业收入情况，然而，不论职业型农民还是兼业型农民,家庭收入结构中养殖业收入的比重都较低。其实,适度发展畜牧养殖可以实现农业主要产出物的"过腹转化",是农牧结合的家庭经营结构的调整方向,具有增加农业附加值的作用。同时,适度发展养殖业也是综合利用秸秆等农业种植资源的一种重要手段。"这种手段"不仅有助于增加农民尤其职业型农民的收入,而且养殖所产生的排泄物也可用于农业生产环节,减少化学制成品在农业生产领域的应用比重,提高农业产出物的品位,改进土地质量。这对职业型农民而言意义更大,值得适度发展。

表6—1 兼业型农民的收入来源分布状况

		东部地区	中部地区	西部地区	吉林省
工资性收入	户数(户)	25	73	31	129
	比重(%)	100.00	100.00	100.00	100.00
	主要职业	农业工人、建筑及工厂工人	农业工人、服务业、工厂工人、自营工商业	装修工人、服务业、农业工人	农业工人、建筑工人、工厂工人、服务业
财产性收入	户数(户)	19	26	12	57
	比重(%)	76.00	35.62	38.71	44.19
转移性收入	户数(户)	23	68	25	116
	比重(%)	92.00	93.15	80.65	89.92
种植业收入	户数(户)	21	71	26	118
	比重(%)	84.00	97.26	83.87	91.47
养殖业收入	户数(户)	4	9	5	18
	比重(%)	16.67	12.33	16.13	14.06

三 兼业型农民收入状况

从收入状况分析兼业型农民收入的现状(见表6—2),其特征主要体现在:

1. 家庭总收入的平均水平超过了5.2万元,与吉林省中部地区的职业型农民收入的水平近乎相等(见表5—2与表6—2),但全省平均水平高于职业型农民收入近4000元。其中,西部地区差异最大,其差距近1.6万元;然而,中部地区的情况截然不同,兼业型农民收入比职业型农民收入少2600多元，可能中部地区农民不合理的兼业化行为反倒会影响他们的增收能力。

2. 工资性收入比重方面，除了东部地区稍高外，其他地区与全省的平均情况基本一致；从量上看，月均工资都超过了3400元，但还存在一定的差距，其中，中部地区最低。一方面，与中部地区的农民在农业经营性收入上较为可观，造成农民的兼业化程度重，外出从事非农性工作的时间相对短有关系；另一方面，或许也存在调查样本的代表性偏差问题。

3. 家庭经营性收入也是兼业型农民增加收入的重要渠道，与职业型农民也重视工资报酬收入的情况相似。这种现象应该源于吉林省的农业生产区域优势，这一优势被广大的农民普遍认识，故在职业分化中选择保留还是放弃土地经营权时更加慎重，即使家庭主要收入来源已经发生了变化，但对土地在家庭的基本保障功能仍然很重视。

4. 财产性收入和转移性收入均是家庭收入的必要补充。这方面也与职业型农民的家庭收入结构特点相似，然而，在贡献能力方面与职业型农民家庭收入相反。对兼业型农民而言，财产性收入的贡献能力更突出，而转移性收入比重较低。其原因与前面所论述的道理类似，兼业型农民进行土地经营权流转的现象相对多，从而增加了土地经营权流转所带来的财产性收入；转移性收入主要依赖宏观政策，对农民收入的贡献能力在地区上近乎相似。

表6—2 兼业型农民的收入状况

		东部地区	中部地区	西部地区	吉林省
家庭总收入（元）		54423	49704	56869	52340
家庭工资性收入	金额（元）	39248	32710	38981	35484
	比重（%）	72.12	65.81	68.55	67.80
	月均工资（元）	3780	3487	3648	3583
家庭经营性收入	金额（元）	8035	13095	13998	12331
	比重（%）	14.76	26.35	24.61	23.56
家庭财产性收入	金额（元）	5470	2093	2365	2813
	比重（%）	8.94	4.21	4.16	5.37
家庭转移性收入	金额（元）	1670	1805	1526	1712
	比重（%）	3.07	3.63	2.68	3.27

第三节　兼业型农民收入增长潜力

一　兼业指数高然而呈现下降趋势

在第五章第三节关于职业型农民收入增长的潜力分析中主要以德国经济学家霍夫曼（Walther Hoffmann）所提出的霍夫曼比例，即：霍夫曼系数＝消费资料工业的净产值/生产资料工业的净产值的分析思想，用农民经营性收入与农民的工资性收入的比值来反映农民经营的兼业化水平，定义了"兼业指数"。即：

$$兼业指数\ H = \frac{农民经营性收入}{农民工资性收入}$$

并确立了 $4<H\leq6$、$1.5<H\leq4$、$0.5<H\leq1.5$、$0<H\leq0.5$ 为标准的兼业指数 H 四阶段判断法[①]（见表6—3）。

表6—3　农民兼业指数的判断与特征

阶段	指数区间	农业经营机会	农业经营收入比重	非农工作机会	工资性收入比重
第一阶段	$4<H\leq6$	主导	高	少	低
第二阶段	$1.5<H\leq4$	主要	在降低，仍占支配地位	有所增长	增长快，但比重远低于家庭经营性收入
第三阶段	$0.5<H\leq1.5$	下降	迅速下降，与工资性收入比重相当	增多	比重接近农业经营性收入
四大阶段	$0<H\leq0.5$	副业化	低	快速增多	高

资料来源：根据第5章的分析整理而得。

经数据处理显示，吉林省农民的兼业指数在 2008 年以前主要处于第一阶段，即兼业指数 $4<H\leq6$，这意味着吉林省的农业家庭主要以农业经营为主，家庭经营收入在家庭收入中占主体地位，而非农工作机会相对较少，家庭中的工资性收入比重低；而 2008 年以来，兼业指数已经稳定在 3—4 区间，相比之下有所下降，基本进入了兼业化第二阶段，即 $1.5<H\leq$

[①] 霍夫曼系数以 5（±1）、2.5（±1）、1（±0.5）、1 以下四个阶段为标准，判断重工业化程度，对工业化发展水平起到了很好的分析作用。本书利用兼业指数 H 来判断农民的兼业化水平，也采用此标准，来分析职业型农民和兼业型农民的收入增长潜力问题。

4区间。说明了这个时期吉林省为农民所提供的家庭经营机会和非农工作机会都已经增多，但相比之下，非农工作机会的增长速度更快。然而，家庭收入以农业经营性收入为主体的状况并没有发生根本性改变，家庭的农业经营性收入仍然是工资性收入的3—4倍。因此，距离兼业指数进入 $0.5 < H \leq 1.5$ 的兼业化第三阶段还需要一定的时间，有待工资性收入的快速增长，至少要在农民家庭的经营性收入和工资性收入同时增长的趋势下，工资性收入以更快的速度增长才能缩短这个进程（见图5.2）。

然而，从增加兼业型农民收入视角而言，以上的变化显示出，吉林省农民收入总体在增长的同时，工资性收入的贡献能力在提高，表现在图上即是吉林省农民的兼业指数与全国的指数曲线之间的差距在缩小。吉林省的兼业指数较高的特点在以2016年同期数据所做的国内分地区的横向对比分析中得到了进一步的验证（见图5.3）。吉林省农民的兼业指数水平明显高于全国农民的兼业指数，与发达省份的兼业指数差距更大，比如上海、北京的兼业指数在2016年分别为0.07、0.12，即使与全国平均水平也存在很大的差距，2016年全国兼业指数为0.95，已经进入了兼业化第三阶段。

因而，在看到吉林省兼业型农民数量增多、工资性收入增长的同时，应该看到无论与全国整体水平还是多数地区相比，吉林省农民的兼业化程度都较低，差距既表现在工资性收入获取水平上，又表现在工资性收入获取能力方面，故兼业型农民的收入有待进一步提高。其深层原因当然与区域差异密不可分。

二 区位优势弱且长期处于较低水平

本章仍然采用第五章有关职业型农民收入增长的潜力分析中区域优势度分析方法进行分析。本章中主要对工资性收入做对比分析，对区域优势度Q做如下定义，即

$$区域优势度 Q = \frac{吉林省农民工资性收入比重}{全国农民工资性收入比重}$$

其中：

$$农民工资性收入比重 = \frac{农村居民工资性收入}{农村居民人均收入}$$

经分析可见（见图6.2），1991年以来，吉林省兼业型农民的区域优势度一直低于1，1996年曾经达到最高点，也仅0.56，另外，有5年的区域优势度超过0.5，然而，多数年份都保持在0.4—0.5区间。总体上，介于0.4—0.5区间是吉林省兼业型农民的区域优势度的正常水平。这说明吉林省农民整体上仍然维持着以家庭经营性收入为主要收入的来源结构，工资性收入为兼业型农民收入的增长贡献能力相对较弱，而且这一指数也低于全国多数地区的区域优势度水平，即工资性收入对兼业型农民收入的作用整体上低于全国平均水平。

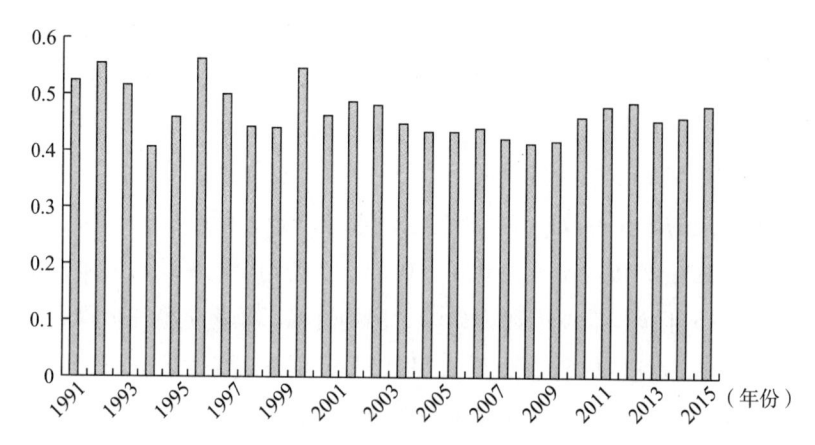

图6.2　1991—2016年吉林省兼业型农民的区域优势度

资料来源：根据《中国统计年鉴》资料计算而得。

吉林省兼业型农民的区域优势度与全国各地区相比也显示出，吉林省的区域优势度长期处于低位，尤其2014年以来更成为全国唯一一个优势度低于0.5的省份。对比显示，1994年吉林省区域优势度为0.40，而当年最高的上海已经达到2.85；1999年吉林省区域优势度为0.44，最高的上海为2.72；2004年吉林省区域优势度为0.45，当年最高的上海为2.28；2009年、2014年、2015年、2016年与上海也分别相差1.33、1.48、1.41和1.35[①]。上海、北京一直处于高位，意味着这些地区的兼业型农民的工

[①] 除了2016年外，我国各省（市、区）其他年份的兼业型农民的区域优势度，上海市都最高，而2016年位居第二，北京市最高。

资性收入强，而吉林、黑龙江、内蒙古、新疆等地区基本长期处于低位。

若以区域优势度高于1与低于1为界线划分，可以看出，区域优势度长期高于1的省份，多数是宏观经济发展较好，发展非农经济的区位优势明显，农民职业分化显著，工资性收入比重增长较快的地区，这些地区的快速发展为农民谋取工资性收入、走兼业化道路创造了条件。而吉林省地处东北老工业基地，区域上偏于一隅，一直以来商业文化意识也淡薄，民营经济发展滞后，工业化水平低，当前经济更处于再振兴的探索期，农民多以农业经营为主，非农化道路缓慢，兼业化人口比重相对低（见表6—4）。

综合吉林省的兼业指数和区域优势度两项分析可以看出，其结论具有一致性。兼业指数是经营性收入与工资性收入的比值，主要侧重对吉林省农民收入的主要构成做比值分析，借以揭示吉林省农民的兼业化程度；而区域优势度更强调省内变化及与全国平均水平的对比分析，借以显示吉林省农民走兼业化经营的有利程度及在全国的区位状况水平。其结果意味着吉林省的兼业型农民所面临的增收问题更加突出且增收的道路更加艰难，这主要与吉林省宏观经济形势长期不景气和周边地区的经济疲弱有关，也与吉林省土地资源"二重性"相关①。

但是，制约吉林省兼业型农民收入增长的具体因素也不仅仅这些，还应是多样的，并且是相互作用和交织的。

表6—4　20世纪90年代以来兼业型农民的区域优势度对比

年份	Q≥1.5	1≤Q<1.5	0.5≤Q<1	0≤Q<0.5
1994	上海、北京、天津、浙江、江苏	山西、辽宁、河北、广东、山东、福建	江西、湖南、陕西、四川、宁夏、安徽、河南、广西、湖北、云南、贵州、甘肃	青海、吉林、内蒙古、黑龙江、西藏、新疆、海南
1999	上海、北京、江苏、浙江	天津、山西、河北、湖南、辽宁、福建、山东、广东、陕西、江西、四川	宁夏、重庆、安徽、湖北、河南、甘肃、贵州、广西、青海、云南	黑龙江、内蒙古、吉林、西藏、新疆、海南

---

①　郭庆海：《我国农村家庭经营的分化与发展》，《农业经济问题》2000年第5期。

续表

年份	Q≥1.5	1≤Q<1.5	0.5≤Q<1	0≤Q<0.5
2004	上海、北京、江苏	广东、浙江、天津、山西、湖南、广西、重庆、陕西、江西、福建、安徽、河北	山东、四川、辽宁、河南、贵州、西藏、甘肃、宁夏、湖北、青海、云南	吉林、内蒙古、海南、黑龙江、新疆
2009	上海、北京	广东、江苏、浙江、天津、湖南、河北、重庆、山西、安徽、陕西、四川、山东、福建	江西、湖北、辽宁、宁夏、广西、贵州、河南、甘肃、青海、西藏、海南、云南	黑龙江、内蒙古、吉林、新疆
2014	上海、北京、浙江	天津、山西、广东、河北、江苏、福建、湖南、陕西、宁夏、山东	辽宁、江西、贵州、海南、安徽、四川、重庆、河南、湖北、青海、甘肃、广西、云南、西藏、新疆、黑龙江、内蒙古	吉林
2015	上海、北京、浙江	天津、河北、山西、广东、江苏、福建、湖南、陕西	山东、宁夏、辽宁、江西、贵州、海南、安徽、河南、重庆、四川、湖北、甘肃、青海、云南、广西、西藏、新疆、内蒙古、黑龙江	吉林
2016	北京、上海、浙江	天津、河北、山西、广东、江苏、福建、陕西、湖南、江西	海南、山东、贵州、宁夏、辽宁、安徽、河南、重庆、四川、湖北、甘肃、青海、云南、广西、新疆、西藏、内蒙古、黑龙江	吉林

数据来源：根据《中国统计年鉴》（2017、2016、2015、2010、2005、2000、1995）计算所得。

第四节 兼业型农民收入增长影响因素

兼业型农民本质上还是农民，但相对于职业型农民而言，这一群体的收入不再以农业经营性收入为主要收入，这是在收入角度上，他们与职业型农民的区别所在。因而，从收入性质上，判断影响兼业型农民收入的因素不能主要从影响经营性收入角度思考，而应该以影响他们主要收入，即工资性收入的因素为主要抓手，同时兼顾其他收入。

基于以上思考，本书最终选择了素质禀赋、工作特征、工作保障与福利机制、工作满意度和其他收入因素等五方面，对兼业型农民收入影响因素进行分析（见图6.3）。

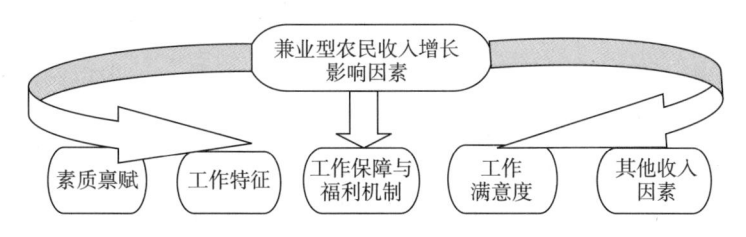

图6.3 兼业型农民收入增长影响因素结构框架

一 素质禀赋

兼业型农民的素质禀赋条件对兼业型农民收入的作用机理与职业型农民的素质及禀赋因素对职业型农民收入的作用道理在实质上具有一致性，均属于从业者的自身条件因素，区别在于因职业选择差异决定了素质禀赋的侧重点上存在差别。相对于农业经营而言，选择职业分工分业的群体对文化水平要求可能更高，对年龄结构、性别结构也有其明显界限，同时，对从业者个人技能素质的要求应该更加明确，而且在同等条件下，技能熟练、技术精湛尤其具有从业岗位资格证书的求职者将更受欢迎，也容易找到更合适的工作，也会在同类工作中获得更高的报酬。

其实，素质禀赋条件也关系到农民工长远发展。农民要想在非农工作上寻找发展机会，具有了岗位所需要的基本素质是从业上岗的基本条件，而只有在一个领域上具有了岗位所需要的良好技术才可能成为获取稳定工资报酬的基本保障，才能承担起城市生活的高昂费用支出，从而实现市民化。实际上，实现市民化至少要符合两个层面发展价值的要求：其一，符合社会价值。兼业型农民的市民化是国家推进农业现代化和现代城镇化的必要环节，符合现代化的基本规律要求；其二，符合自我价值。兼业型农民的市民化更是新生代农民工的重要发展方向，因此，对他们而言，提高技能素质更是基本保障。

二 工作特征

当前的工作种类可谓千差万别且各具特点,但从兼业型农民所从事的非农性质的工作而言,工作种类相对集中,层次较低,一般以制造业、建筑业及各类服务业为主,其中服务类工作又以对素质要求相对不高的餐饮业、商业、保洁卫生等工作为主,这些工作岗位多具有"脏、累、差、危、重"的行业特点,如此其经济地位和社会地位都不会很高,不利于他们融入城市。因此,从这个意义上看,兼业型农民所从事的非农工作具有鲜明的特征。

然而,经过进一步深入分析,他们所从事的工作自然也具有差异性,比如:工作地域差异、信息获取差异、务工形式差异、生活方式差异等方面。正是这些差异的存在促成了具体工作中的收入待遇、身心感受等方面的区别,从而引起了兼业型农民在不同地域、不同岗位之间的流转,也出现了兼业型农民基于家庭利益最大化和家庭劳动力更合理利用下的务工方式调整,有选择务工者独自外出的,也有选择夫妻同时外出的,更有携带妻子、儿女共同外出务工的,当然也存在长期外出多年未归的少数现象,更有季节性务工者。

总体来看,兼业型农民作为一股不可忽视的社会力量正在成长与壮大,他们在工作相似性较高的事实下,也在通过自己能力、社会网络、地区选择、资源组合等多种方式,争取获得更高收入,实现更好发展。从文献视角而言,赫兹伯格(Herzberg)[1]和哈克曼(Hackman)[2]就曾基于西方人格假设和社会结构研究工作特征对员工工作积极性的影响问题进行了分析。国内关注工作特征对工作满意度、工作绩效、工资报酬等方面影响的成果也不少,比如,卿石松(2011)就从员工工作特征差异角度关注了

---

[1] Frederick Herzberg, "One More Time: How Do You Motivate Employees?" *Harvard Business Review*, Vol. 63, No. 6, 1985.

[2] Hackman JR, Lawler E E, "Employees Reactions to Job Characteristics", *Journal of Applied Psychology*, Vol. 55, No. 3, 1971.

性别在工作上的不同作用，指出性别歧视可能是形成工资差距的重要因素[①]；柯丽菲等（2008）从组织公民行为视角关注了企业工作团队与工作特征、工作绩效之间的关系[②]。因而，工作特征上的差异应该成为影响兼业型农民收入状况的因素之一。

三　工作保障与福利机制

由英国经济学家庇古（Arthur Cecil Pigou）和霍布斯（Thomas Hobbes）于20世纪20年代创立的福利经济学认为，在初始总量一定的基础上，市场机制可以实现资源配置的帕累托效率，但市场的作用有时并不尽人意，故对总量再分配以改变资源禀赋初始配置的任务可以通过政府来完成，因而，效率与分配不是等同的问题，但二者又密不可分。

兼业型农民是流转中的农民、演变中的工人、进化中的城市人，从他们作为社会的建设者在参与劳动分配及享有的保障机制来看，这种分配存在效率和公平上的问题。当前，我国正处于农民职业分化的加速期和关键期，农民面对住所简陋或无住所、工资报酬低、主要从事危重行业又缺乏基本保障、无法享受法定公休假或节假日、福利机制不完善等问题，也与相关法律制度、政策规定并不相符，更存在相关法律政策的歧视性规定，然而，这种环境是他们在择业与就业中必然要面对的，这种工作保障与福利机制势必会降低他们工作的积极性，不利于激发他们的潜能，这或许也是福利经济思想所追求的分配、效率与公平的基本定位。

四　工作满意度

当前，我国的兼业型农民以合同制为主，也存在相当数量的没有正式合同的非农从业者，他们的工作流动性强，稳定性差，多数也还不具备举家迁居城市的条件和能力，在"既是农民，也是工人"，同时也"既非农民，也非工人"的职业身份模糊状态下，把进城和进厂工作作为增加收入

[①] 卿石松：《工作特征对性别工资差距的作用》，《经济评论》2011年第6期。
[②] 柯丽菲、黄远仪、何国煜：《团队组织公民行为与工作特征、绩效关系实证研究》，《财经问题研究》2008年第4期。

的来源与谋生手段应该是理性选择。

然而，这种社会状态并不利于他们发展，也难以保障兼业型农民收入持续稳定增长，更不利于社会安定和进步。从这个意义上而言，兼业型农民的工作满意性方面应该存在着某些问题，因而，他们也会寄予社会和工作很多的希望，但因个体的接受能力、工作种类、满足感等方面都会存在着差异，在对待同一份工作、同一份收入或面对同一个与工作相关的问题时，每个兼业型农民的处理方式也会存在差别，认可方式或维权手段也会有所区别。这种差异的存在，也将会对具体工作产生不同的反作用。通常，若认可度高，其满意度会稍高，工作积极性更强，对城市的责任感、归属感更好；反之，则会降低他们的归宿感，城市"过客"心态更加明显，将增强他们的社会边缘人的感受，挫伤工作积极性，也会降低他们的社会幸福感。

五　其他收入因素

黄宗智（2000）在研究20世纪30年代华北小农的卖粮行为中发现了一个似乎有悖理性的现象，即农民在秋收时低价卖粮，开春后再高价买粮，结果买进的成本与卖出的收益形成了数倍差距。然而，经深入分析后发现，其实这种表面上的悖理行为是农民不得已的理性选择，因为卖出是为了还债，买进是为了活命，所以，这是谋生的理性，而非利润最大的理性[①]。当前我国在经历了"农民工"政策的红灯、黄灯阶段后，终于迎来了绿灯时代[②]，但在绿灯面前，农户的择业行为更展示了他们理性的一面，是农户在家庭需求满足程度和所耗费的劳动辛苦程度之间进行的权衡选择，目的是确定劳动力的"自我开发程度"[③]。在相同的"自我开发程度"下，耕种土地和非农化就业之间究竟从事哪种经济活动能够更好地实现家庭需求满足就选择哪种方式，认为后者更能满足家庭需求时，兼业型农民尤其新生代农民工将视非农务工为实现向上流动和融入城市的渠道。

---

① 黄宗智：《长江三角洲小农家庭与乡村发展》，中华书局2000年版，第18页。
② 胡鞍钢：《解决农民工问题是我国农民的第三次解放》，《外滩画报》2005年第3期。
③ [俄] 恰亚诺夫：《农民经济组织》，萧正红译，中央编译出版社1996年版。

在非农工作的工资性收入通常高于传统农业的经营收入的情况下，他们也要面对非农工作中所存在的限制他们融入城市与发展步伐的许多问题，因而，在非农务工以获取工资性收入的同时，他们也很重视农业经营方面的收入，农业经营性收入作为他们家庭基本收入的组成部分，成为具有基本保障功能的收入部分。另外，农村产权所带来的相关收入也因具有一份特殊的意义而得到多数兼业型农民的重视，当前，多数兼业型农民不放弃农村土地就是一个有力的说明。他们的选择行为是理性的，这种不放弃固有的收入渠道的选择行为，从一定角度上看，也将是农民标签留给他们的一种社会福利，对他们的意义也比较特殊。

第五节　本章小结

基于农民职业分化行为，首先，本章重点分析了兼业型农民收入增长问题。兼业型农民是以工资性收入为主要收入的农民，他们是城镇非农岗位所需劳动力的储备者和应以市民化为发展取向的农民，工资性收入对其发展具有重要影响。其次，以样本调查为主要数据获取手段，分析了当前吉林省兼业型农民收入现状，其总收入和财产性收入均高于职业型农民。通过增长潜力分析显示出，吉林省兼业型农民的兼业指数高但呈下降趋势，且区位优势弱。最后，本章从素质禀赋、工作特征、工作保障与福利机制、工作满意度和其他收入等方面构建了影响兼业型农民收入增长的影响变量，有助于第七章实证分析部分的展开。

第七章

农民收入增长的影响因素分析
——基于吉林省调查

尽管农民职业分化程度在加深,但对农民收入问题做实证分析必须要紧密围绕"农民"这一社会群体。从收入意义上看,农民的本质还是以具有农业经营性收入为基本特征,因而,关注职业型农民收入对于非农业地区其社会价值并不明显,只有在农业大省才更具有代表性和广泛性。

吉林省作为国家重要的商品粮生产省份,农业人口比重高且总体上以农业经营性收入为主,研究吉林省的职业型农民收入状况更具有深远的社会价值,更能揭示农民收入的本质;同时,农民职业分化程度也会对国家粮食安全等问题产生重要影响,兼业型农民的收入状况也有利于展示这类演化中的农民群体的发展现状与发展前景,有助于研判承担粮食安全重任的职业型农民的职业稳定性等问题。当然,对兼业型农民收入而言,与经济发达地区的程度还存在着差异,但经济发达地区的兼业型农民无法代表粮食主产省份的农民收入现状及其分化农民的发展程度,与研究初衷不吻合。因此,在第五、六章关于两类农民收入现状分析中主要以吉林省为对象。同样道理,本章也将以吉林省为对象,从实证角度进一步分析职业型农民与兼业型农民的收入增长问题。

第一节 职业型农民收入增长影响因素分析
——基于吉林省调查

一 调查样本选取与变量选择

当前,公开的统计数据无法支撑分化农民群体——无论是职业型农民还是兼业型农民——收入影响因素的分析,为了更好地掌握职业分化背景下影响农民收入增长的因素情况,笔者组织了相关调查,获得了第一手数据,以支撑本书的研究。

由于吉林省的地域差异明显,故在调查实施中,结合吉林省东部、中部与西部三大区域的收入差异、农业生产结构、人口分布、经济发展等因素,事前控制了三大区域的问卷分布数量,即中部地区问卷总量与东西部地区的总量基本相当。同时,考虑到长春是吉林省内经济发展最好的地区,能创造更多的非农就业机会,也能保障有效问卷中兼业型农民占到一定的比重,故在长春地区发放的问卷占到中部地区问卷的一半。此次调查范围覆盖了全省9个市(州)的19个村,发放问卷总数300份,经甄别有效问卷288份。经收入类型判断,最终属于职业型农民收入的问卷数量为159份,东、西部地区与中部地区的分布基本相当(见图5.1)。

关于职业型农民收入增长的实证分析将以这些问卷数据为基础。样本基本情况见表7—1。

表7—1 职业型农民收入样本的基本情况

	分类依据	户数(人)	所占比例(%)	家庭年均收入(元)	标准差	最大值	最小值
全部		159	100.00	48393	54033	421200	4225
性别	女性	41	25.79	56591	54625	298500	10800
	男性	118	74.21	45545	53763	421200	4225
文化	小学以下	7	4.40	20691	26018	78700	4225
	小学	63	39.62	39338	53635	421200	10000
	初中	75	47.17	50053	43917	298500	10200
	高中或中专	10	6.29	104138	98782	370770	32900
	大专	0	0.00	——	——	——	——
	本科及以上	4	2.52	69018	40057	124070	36000
婚姻	未婚	9	5.66	40818	33759	124070	17000
	已婚	150	94.34	48848	55055	421200	4225

续表

	分类依据	户数（人）	所占比例（%）	家庭年均收入（元）	标准差	最大值	最小值
身体状况	体弱或多病	25	5.72	37468	24420	95710	4225
	良好	134	84.28	50431	57742	421200	7270
土地流转	无	119	74.84	35850	25433	160200	4225
	转入转出	40	5.16	85709	89234	421200	16550
主要种植作物	其他	16	10.06	109535	112162	421200	16550
	玉米	143	89.94	41552	38096	370770	4225
灌溉设施	无	123	77.36	39953	29940	160200	4225
	有	36	22.64	77231	94603	421200	12750
农业自然灾害	未购买	79	49.69	46277	62489	421200	4225
	购买	80	50.31	50483	44440	298500	10200
粮价预期	上涨	27	16.98	54715	30838	148000	17000
	不上涨	66	41.51	43729	32727	182600	4225
	不确定	66	41.51	50472	74849	421200	7270
保护性生产投资意愿	会增加	40	25.16	75584	76508	421200	10000
	不增加	89	55.97	39323	43135	370770	4225
	没考虑	30	18.87	39046	32035	148000	14750
规模经营认知	提高效益	132	83.02	53415	57825	421200	4225
	未必提高效益	27	16.98	23844	11876	54000	7270

数据来源：根据调查资料计算整理所得。

二 模型原理与模型建立

（一）函数模型选取与基本原理说明

明瑟收入模型（也称为 Mincer 挣得函数）是由美国经济学家雅可布·明瑟（J. Mincer）在 1974 年提出的，他主要根据人力资本理论推导得出研究收入决定的函数，认为在一个完全竞争的劳动力市场上，人力资本是决定个人收入的关键因素[①]。该模型的方法相对简单，容易操作，成为经济

---

① 岳昌君：《教育对个人收入差异的影响》，《经济学》2004 年第 10 期。

学上分析人力资本对工资水平影响的经典模型①。此模型的应用有利于解决本书所研究的问题，符合研究的需要。其表达式如下：

$$Ln(Y) = Ln[W(S,X)] = \alpha_0 S + \beta_0 X_1 + \beta_1 X_2 + \varepsilon \qquad 公式1$$

公式1表示在教育年限S和工作经历X下的工资水平状况Y。

明瑟收入模型主要包括两个可以体现人力资本差异因素形成的基本变量：教育年限S和工作经历X，α为截距项，其中：

$$\alpha = \frac{\partial LnY}{\partial S} = \frac{\partial Y/\partial S}{Y} = \delta \frac{\partial Y/Y}{\partial S}$$

表示每增加一年教育可引起的收入增加比率，即个人明瑟收益率，也被称为教育的边际收益率；β表示对应变量的回归系数，ε是误差项。预期 β_0、β_1 的回归系数符号分别为正、负，而α的预期回归系数符号为正。

此模型主要揭示了受教育水平、工作培训和工作经验等具有生产力特性的要素在劳动力市场上的报酬问题，其实质是一个研究收入决定的模型，也可以与市场利率进行比较，从而决定人力资本的最佳投资水平和投资方向等问题（Heckman, etal, 2003）[2]，因而得到很多研究者的具体应用（岳昌君，2004[3]；郭丛斌，2004[4]；李宾、马九杰，2014[5]；董良，2016[6]）。但明瑟收入函数也存在一定的缺点，忽略了模型中的一些变量及它们之间的关系，比如：个人特征、地区、部门、宏观政策、工作或生产环境等因素，故研究者通常根据研究目的，在模型中加入其他的相关变量。

---

[1] 龚斌磊、郭红东、唐颖：《影响农民工务工收入的因素分析——基于浙江省杭州市部分农民工的调查》，《中国农村经济》2010年第9期。

[2] James J. Heckman, Lance J. Lochner and Petra E. Todd, "Fifty Years of Mincer Earnings Regressions", *NBER Working Paper* No. 9732, 2003.

[3] 岳昌君：《教育对个人收入差异的影响》，《经济学》2004年第10期。

[4] 郭丛斌：《二元制劳动力市场分割理论在中国的验证》，《清华大学教育研究》2004年第4期。

[5] 李宾、马九杰：《教育年限和工作经验对偏远山区农村外出劳动力工资水平的影响——基于鄂渝两地数据》，《农业技术经济》2014年第10期。

[6] 董良：《教育、工作经验与家庭背景对居民收入的影响——对明瑟方程和"布劳—邓肯"模型的综合》，《中国社会科学院研究生院学报》2016年第7期。

（二）模型建立与变量描述

职业型农民收入的影响因素与农民工收入的影响因素具有很大的差异。根据第五章影响因素假设分析，结合明瑟收入函数思想，职业型农民收入的影响因素主要应为：素质状况、经营成本、政策机制、生产条件与经营状况、自然灾害、经营预期和其他经济收入等，其中，其他经济收入变量在回归分析中具有家庭总收入的内生性，将会影响回归效果，故未选取此方面的代表性变量。最终归纳函数形式如下：

职业型农民收入 = F（农民素质，经营成本，政策机制，生产条件与经营状况，自然灾害，经营预期）+ 随机扰动项

在研究中，最初建立了被解释变量为对数形式的模型，即 $Ln(Y_i) = \beta_0 + \sum_{j=1}^{m} \beta_j \chi_{ij} + u$。但经模拟估计发现，可能明瑟收入函数对兼业型农民收入问题的解释力更强，故在本研究中需要对模型做适当调整，才能满足职业型农民收入增长问题分析的要求。因此，最终选择了公式2作为职业型农民收入影响的研究模型。在具体分析中，将采用多元线性模型进行，采用普通最小二乘法对回归参数进行估计：

$$Y_i = \beta_0 + \sum_{j=1}^{m} \beta_j \chi_{ij} + u \qquad 公式2$$

公式2中，Y_i代表职业型农民家庭年收入，i为被调查的职业型农民编号；β_j表示影响因素的回归系数，j为影响因素的编号；m表示影响因素的个数；χ_{ij}为自变量，代表第i个被调查者的第j种影响因素；β_0为函数的截距；u为随机误差项。

变量中的性别、婚姻、文化、身体状况等农民素质变量，主要种植作物、灌溉设施、自然灾害、农业保险等方面的数据属于非连续变量，均采用虚拟变量形式。另外，已有相关成果中年龄与工资将呈"倒U型"关系已基本成为普遍结论，故在本书中不仅包括了年龄因素，同时也加入了"年龄平方"因素。同时，根据解释变量与被解释变量之间的散点图显示，被解释变量与文化程度也存在一定的先增后降特征，故也加入了"文化平方"变量，以提高模型的解释性。

模型变量的解释及其统计性描述见表7—2。

表7—2 职业型农民收入的模型变量解释及统计性描述

	变量名称	变量定义及赋值	样本均值	样本标准差
素质状况	性别	男性为1，女性为0	0.74	0.44
	年龄	实际数值，最大值为76，最小值19	45.54	11.41
	文化	小学以下为1，小学为2，初中为3，高中或中专为4，大专为5，本科及以上为6	2.65	0.86
	婚姻	已婚为1，未婚为0	0.94	0.23
	身体状况	良好为1，体弱或多病为0	0.84	0.37
经营成本	经营成本	实际数值，最大值为68531，最小值为0	10786.42	12983.61
政策机制	政策补贴	实际数值，最大值为25000，最小值为0	2525.32	2716.03
生产条件与经营状况	灌溉设施	有为1，无为0	0.23	0.42
	土地流转	实际数值，最大值为75，最小值为0	3.64	9.46
	主要种植作物	玉米为1，其他为0	0.90	0.30
	规模经营认知	提高效益为1，未必提高效益为2	1.17	0.38
自然灾害	农业自然灾害	有为1，无为0	0.56	0.50
	农业保险	购买为1，未购买为0	0.50	0.50
经营预期	粮价预期	上涨为1，不上涨为2，不确定为3	2.25	0.73
	保护性生产投资意愿	会增加为1，不增加为2，没考虑为3	1.94	0.66
因变量	家庭总收入	实际数值，最大值为421200，最小值为4225	48393.18	54033.41

数据来源：根据调查资料计算整理。

三 数据检验与模型估计

本部分对模型的估计运用 Eviews 8.0 统计软件对职业型农民收入影响因素的样本数据进行分析，采用多元线性回归处理。在处理过程中，首先将所有变量引入回归方程，结果显示出，模型中的很多关键性变量其 t 值并不显著，也存在变量的回归系数与预期不一致的问题，且多数因素的 p 值偏高，这说明或许变量之间存在严重的多重共线性问题。

为此，计算了各解释变量之间的相关系数，建立了相关系数矩阵，但从相关系数矩阵可以看出：各解释变量之间的相关系数普遍很低，说明了变量之间存在多重共线性的程度确实很低，可以不考虑。故接下来重点判断模型是否存在异方差问题。

（一）模型异方差判断

首先通过设置 $e^2 = \text{resid}^2$，生成了残差平方 e^2，然后分别做了各解释变量 X_i 与残差平方 e^2 的散点图。通过散点图可以看出，在图形中的主要分布大致存在残差平方 e^2 随部分 X_i 的变动呈增大或不规则变化的趋势，因此，模型很可能存在异方差问题。故必须进一步检验异方差是否确实存在。

在异方差检验中本书选取了 White 检验法。因选取的解释变量较多，为了保证模型的自由度，在辅助函数的构造中不包括变量的交叉乘积项。其辅助函数为：

$$\sigma_i^2 = \alpha_0 \sum_{i=1}^{18}(\alpha_i x_i + \alpha_{i+18} x_i^2) + \varepsilon_i \qquad 公式3$$

经 White 检验显示：$nR^2 = 33.63$。而在 $\partial = 0.05$ 下，查自由度为 36 的 χ^2 分布表可以得到：$\chi^2_{0.05}(40) = 26.51$，$\chi^2_{0.05}(30) = 18.49$，故 $18.49 < \chi^2_{0.05}(36) < 26.51$，且应该更接近 26.51。比较可见，$nR^2$ 高于临界值 $\chi^2_{0.05}(36)$。因此，根据 White 检验可以判断，在 5% 显著性水平下拒绝"不存在异方差"的原假设，不拒绝备择假设，表明模型存在异方差。

（二）异方差修正

根据处理模型异方差的一般规则，并借鉴已有成果的相关赋权经验，为了实现加权最小二乘法估计，在对异方差处理中，首先建立了权数：

$$w_1 = \frac{1}{\sqrt{|\tilde{u}_i|}}, \ w_2 = \frac{1}{|\tilde{u}_i|}, \ w_3 = \frac{1}{\tilde{u}_i^2}。$$

在处理过程中，将权数 w_1、w_2、w_3 依次分别乘到公式 2 的左右两侧，从而对 β_j 的估计值进行优化，以消除模型的异方差问题，提高模型模拟效果的准确性。

（三）模拟结果

经加权最小二乘法（wls）估计，其结果显示出，赋予权重 w_1 后，所模拟的结果更理想。因此，下面的分析将以赋予权重 w_1 后的估计结果为基础。回归结果如表7—3。

表7—3 职业型农民收入的多元线性回归结果

变量名称		系数	T 检验
常数		33889.720 ****	3.229
素质状况	性别	6527.695 ****	3.578
	年龄	1038.958 ***	2.599
	年龄平方	−11.062 ***	−2.622
	文化	10422.145 ****	3.539
	文化平方	−906.127 **	−2.049
	婚姻	5610.312 *	1.422
	身体状况	12235.638 ****	8.646
经营成本	经营成本	0.233 ****	3.169
政策机制	政策补贴	2.701 ****	3.741
生产条件与经营状况	灌溉设施	8354.855 ****	4.224
	土地流转	1191.320 ****	13.374
	主要种植作物	−46079.643 ****	−6.375
	规模经营认知	−15738.937 ****	−7.617
自然灾害	农业自然灾害	−3433.883 **	−2.034
	农业保险	−980.111	−0.593
经营预期	粮价预期	7890.112 ****	5.607
	保护性生产投资意愿	−12190.130 ****	−8.191
调整后 R^2		0.745	
F 值		26.646	
加权后 nR^2		13.689	

注：**** 表示在 0.005 的水平上统计显著，*** 表示在 0.01 的水平上统计显著，** 表示在 0.05 的水平上统计显著，* 表示在 0.10 的水平上统计显著。数据根据调查回归而得。

四 结果分析与启示

通过表7—3所显示的回归结果可以看出，经加权估计，模型解决了未加权时所存在的异方差问题，加权后 White 异方差检验显示其 nR^2 为

13.689，低于 $\chi^2_{0.05}$（36）界值点。F 值也很显著，且调整后的 R^2 低于 0.745，说明尽管模型选取的解释变量相对较多，但未影响检验效果，模拟效果也较好，证明模型所选取的解释变量对影响职业型农民收入增长的因素具有解释作用。同时，根据本模型所得结果也可以看出，影响职业型农民收入增长的因素是多方面的，既包括能反映农民素质的诸多因素，也包含影响生产与经营成效的多种变量。

（一）农民素质方面变量对职业型农民收入的影响

1. 性别对职业型农民收入的影响在 0.005 水平上显著，说明了性别在农民收入增长上的作用突出。从系数更可以看出，相比女性，男性收入更高，与预期一致。

2. 年龄在 0.01 水平上回归显著，与主要研究成果的结论一致，也符合预期。在一定年龄下，年龄对农民收入的增长具有正效应，每增加 1 岁，将能带动家庭年收入增加 1038 元左右，但一定岁数后，其作用转为负效应，即随着年龄增长，对家庭收入的副作用更明显。原因在于：农业生产经营主要属于体力劳动，对劳动者的身体素质有特殊要求，在年龄较小时，劳动者劳动能力也较低，担负长时间农业生产的能力较弱，同时，所具有的相关生产知识和工作经验也不足，而随着年龄增长，其经营技巧、技能水平及体力状况都将获得提高，带动农业经营收入同步增加。然而，人的体力具有高峰点，随着年龄增长，体力过了这个时点，即使还具有技能水平和经验积累方面的优势，但身体素质和劳动能力将表现出下降趋势，这是基本的生命规律所决定的。所以，年龄对职业型农民收入的"先增后降"变化是合理的，与已有成果的"倒 U 形"结论也一致。

3. 文化是改造传统农业的重要手段，源于文化对农民的综合素质具有全面的提升作用，因此，文化因素是体现农民素质水平的重要指标，具有推动农业生产经营发展的作用，也是推动农民收入改善的重要因素。对调查数据的初步分析就显示出文化程度对职业型农民收入作用的变动性，回归结果进一步印证了这种变动，文化程度在 0.005 水平上显著，而"文化程度平方"在 0.05 水平上显著并为负值，说明要辩证看待教育水平在农业生产经营中的作用。当前农业生产经营状况下，高中文化水平在其农业生产经营中的作用更突出。

4. 婚姻的回归结果在 0.10 水平上显著，说明在本模型中其作用不如其他素质因素对职业型农民收入的影响作用那么突出，但从系数的正负性而言，虽因不显著而显得解释性降低，但也显示出已婚家庭的年总收入要较其他婚姻状况的家庭收入高。

5. 身体状况直接关系到职业型农民的体能素质，是农民素质状况的重要指标。回归结果显示出，身体因素在 0.005 的水平上显著，且不论从 t 检验水平还是回归系数来看，它在农民素质的各变量中最高，结果也符合预期。说明第一产业对基本健康状况的要求显性，身体健康是保证农业生产经营的必备条件。在农业生产经营中体弱或多病的弱势性明显，成为影响农业生产经营效益的重要因素。

（二）经营成本变量对职业型农民收入的影响

理论论述部分关于经营成本对职业型农民收入增长的贡献方向未确定。回归结果显示，尽管在各变量中回归系数最低，但是在 0.005 的水平上显著推动农民收入水平提高，说明尽管成本是收入的减量，可合理的经营成本投入是保障收入的前提条件和基本要求。在其他因素不变的情况下，经营成本投入与家庭总收入之间具有正比例关系，必要投入是必要产出的保障。

（三）政策机制变量对职业型农民收入的影响

政策补贴也在 0.005 的水平上显著增加农民收入，且其作用远高于经营成本的作用，这一结论也符合新世纪以来转移支付拉动农民收入增长的事实，故惠农补贴是必要的，符合百姓诉求，促进农民增收，可以缓解"三农"问题。

（四）生产条件与经营状况变量对职业型农民收入的影响

1. 基础设施是保障农业生产经营、农民生活交往与农村沟通联络的必要条件。灌溉设施是农业生产中必要的基础设施条件，是抵御自然灾害和改变农业"靠天吃饭"困境的保障。回归结果在 0.005 的水平上显著且系数较高，与预期影响方向也一致。

2. 土地流转因素。2016 年 10 月 30 日，国家发布《关于完善农村土地所有权承包权经营权分置办法的意见》，这是我国推动农村土地从"两权分离"到"三权分置"改革的第一个国家层面的文件，被誉为继家庭联产承包责任制后农村土地制度的又一重大变革。这一变革旨在坚持所有权的前提下，稳定承包权，放活经营权，其中放活经营权意在加快土地的合理化流转，促使土地流转后产生"1+1>2"的价值功效与社会作用，也是我国农业发展必然要面对的问题。本模型中土地流转对职业型农民收入的影响作用在0.005的水平上显著，也印证了推进土地"三权分置"的必要性和积极意义。

3. 经营者对农作物种植品种的选择往往是综合因素作用的结果，其中离不开对水土、气候等自然因素的判断，也与作物的效益密不可分，而且经济收入将是关键性因素。吉林省属于世界"三大黄金玉米带"之一，光照、气候等自然因素都为玉米种植提供了区位优势，多年持续的玉米保护价格更有助于吉林省成为重要的玉米种植区和商品化区。调查显示，90%的职业型农民选择玉米作为种植作物，而水稻、花生、大豆及其他经济作物的种植比重低，玉米成为农民家庭经营性收入来源的重要种植作物。

回归结果显示，主要种植作物对职业型农民收入的增长作用在0.005的水平上显著，然而，相比种植其他作物，选种玉米其增收效应较差，对农民增收作用为负。这与玉米成为农民收入基本保障的结论并不矛盾，说明了尽管玉米是当前吉林省农民的重要种植作物，但当前种植品种单一化问题严重，对黑土地这种东北地区独有的土地资源会造成破坏作用，玉米生产的价值贡献能力和社会服务能力也会下降。印证了"镰刀弯"地区种植结构调整包括吉林省东部冷凉地区和西部盐碱地土壤瘠薄地区的合理性，显示了加快农业领域供给侧改革具有必要性和现实性。

4. 规模经营认知状况也是影响职业型农民家庭收入的重要因素之一，结果在0.005的水平上统计显著。相对于认为家庭经营规模化未必提高经济效益的认知群体而言，认为规模化是发展农业生产经营的一条重要出路，规模经济具有提高农业经营效益的作用，使农民收入更高。规模经济具有变外部成本为内部交易的作用，故能降低经营成本，提高单位收益率，增强经营主体的竞争能力。当然，现实也告诉我们，分散的小型农业已经难以适应市场经济的要求。土地适度集中，劳动力适度调整，有利于优化配置农村与农业资源，这也是积极引导专业大户、家庭农场、合作经济组织等农业新型经营主体发展的重要原因之一。

（五）自然灾害变量对职业型农民收入的影响

1. 农业自然灾害是影响农民收入稳定性和可预期性的重要因素，在 0.05 水平上显著，与预期一致。

2. 农业保险的回归结果未通过 t 显著性检验，且与预期也不一致，但能反映农业生产经营中的一些问题。农业保险主要因自然灾害不能完全防御，为了减轻损失而建立，然而，回归显示购买农业保险不仅对农民收入作用较低，更成为减少农民收入的因素之一。这一结果与建立农业保险的初衷不符，却能反映农业保险所存在的现实问题。调查显示，尽管当前所推行的农业保险具有很强的政策性，农户每亩地仅承担 10—20 元，70%—80% 的费用由政府补贴，但农户对农业保险存在着抵制心理和抵制做法，或许农户在自然灾害发生的可能性上存在侥幸心理，但产生抵制的原因还主要在于农业灾害发生并造成减产后，赔付率低且获得赔付难度大的事实。很多农户曾提及，只有出现绝收时才会启动赔付且仅为几百元，就连成本都难以收回，况且自然灾害造成农业减产很普遍但造成绝收的几率低，故农业保险的低赔付率成为职业型农民增收的不利因素之一。

（六）经营预期变量对职业型农民收入的影响

1. 粮价是引导农业生产的重要杠杆之一。西方经济理论告诉我们，农产品价格具有蛛网理论的特性，本期价格将决定下期产量，故本期价格即对农业生产者形成了未来粮价的预期，因此，粮食价格的影响具有持续性和长远性。回归结果显示粮价未来预期对职业型农民收入的作用在 0.005 水平上显著，但对职业型农民收入所能产生的实际作用并非预期越好增收作用越强，而是存在不稳定性。与预期结论不完全一致，这可能与职业分化状态下，农民就业不稳定有关系。

2. 农业生产中，加大农业保护性投资是能体现从业主体的行业选择稳定性和认可程度的指标。当前，对耕地资源可持续利用的意识相对淡薄，是否增加保护性投资具有现实价值和长远意义。保护性生产投资意愿的回归结果在 0.005 的水平上显著,且保护性投资意愿越强,对家庭收入的推动能力越显著,与预期结论一致。可见,观念与意识方面的良性效应对行动有激励作用,从而与生产经营相得益彰。

第二节 兼业型农民收入增长影响因素分析
—— 基于吉林省调查

一 样本选取与变量选择

本节的分析与第一节相同,主要基于调研数据。经甄别,在总的有效样本中,属于兼业型农民收入的样本数占比 44.79%。其中,东西部地区问卷合计占比 43.41%,中部地区占比 56.59%(见图 6.1),具有地区代表性和省情代表价值。问卷所得有效数据将作为分析的基础数据。

调查所得有效样本数据的基本情况见表 7—4。

表 7—4 兼业型农民收入样本的基本情况

	分类依据	户数(人)	所占比例(%)	家庭年均收入(元)	标准差
全部		129	100.00	52315	29928
文化	小学以下	21	16.28	42135	24521
	小学	19	14.73	48877	31805
	初中	59	45.74	52571	29579
	高中或中专	22	17.05	54125	18734
	大专	4	3.10	71875	26353
	本科及以上	4	3.10	89600	69881
身体状况	体弱或多病	23	17.83	46509	32717
	良好	106	82.17	53605	29301
技术资质	掌握一定技术或有资质证书	86	66.67	53866	30967
	无证,无技术	43	33.33	49286	27834
工作地	本县	88	68.22	49526	29000
	本省非本县	13	10.07	51541	17055
	外省	28	21.71	61555	35958

续表

	分类依据	户数（人）	所占比例（%）	家庭年均收入（元）	标准差
工作形式	独自外出	73	56.59	51990	30895
	全家或携妻外出	31	24.03	56819	34535
	其他	25	19.38	47809	19365
工作信息渠道	亲戚乡邻工友等个人渠道	88	68.22	48951	27843
	公共媒介或政府等公共渠道	8	6.20	47933	16736
	先择城后择业	23	17.83	51889	17771
	其他	10	7.75	89896	50326
工作居所	工棚或厂房	48	37.21	48382	29896
	租房	35	27.13	58091	34881
	家中	43	33.33	52836	26191
	其他	3	2.33	41463	9709
工资支付	按时	77	59.69	53474	28940
	拖欠	10	7.75	66990	53046
	不一定	42	32.56	46773	23230
加班	经常	31	24.03	61665	47987
	不经常	74	57.37	51076	21939
	不加班	24	18.60	44193	16183
岗位培训	无	83	63.57	49037	30516
	有	46	36.43	58299	28186
维权方式	等待	49	37.98	51867	30112
	找负责人	72	55.82	53446	30873
	找政府或其他	8	6.20	45279	20544
依靠非农工作生活	有打算	73	56.59	54143	35333
	无打算	23	17.83	56263	23057
	没考虑	33	25.58	45616	18528
到城里定居	无打算	66	51.16	51267	26817
	打算	63	48.84	53464	33056

数据来源：根据调查资料计算整理。

二 模型建立与变量描述

本部分对兼业型农民收入增长的分析，依然遵循 Mincer 挣得函数模型的基本分析原理，并结合第六章关于兼业型农民收入影响因素的分析，构建了影响兼业型农民收入增长的素质禀赋、工作特征、工作保障与福利机制、工作满意度和其他收入等影响变量，但因其他收入变量具有家庭总收入的内生性，为了提高回归的准确性，最终选择了其他四类变量，并将它们之间的关系表述为如下函数形式：

兼业型农民收入 = F（素质禀赋，工作特征，工作保障与福利机制，工作满意度）+ 随机扰动项

所采用的多元线性模型如公式 4

$$Ln(Y_i) = \beta_0 + \sum_{j=1}^{m} \beta_j \chi_{ij} + u \qquad 公式 4$$

在本书中，相关变量的代表意义与公式 2 变量的意义相近。其中 Y_i 代表兼业型农民家庭年收入，i 为被调查兼业型农民编号；β_j 表示影响因素的回归系数，j 为影响因素的编号；m 表示影响因素的个数；χ_{ij} 为自变量，代表第 i 个被调查者的第 j 种影响因素；β_0 为函数的截距；u 为随机误差项。

本部分的婚姻、文化、身体状况、技术资质等素质禀赋变量及其他方面的数据属于非连续性变量，采用虚拟变量形式。另外，为了降低变量之间的数据差异，本部分研究对年龄变量做了对数处理。

模型变量的解释及其统计性描述见表 7—5。

表 7—5 兼业型农民的模型变量解释及统计性描述

变量名称		变量定义及赋值	样本均值	样本标准差
素质禀赋	年龄	实际数值，最大值为 66，最小值为 19	43.481	8.711
	文化	小学以下为 1，小学为 2，初中为 3，高中或中专为 4，大专为 5，本科及以上为 6	2.853	1.167
	身体状况	良好为 1，体弱或多病为 0	0.822	0.384
	技术资质	掌握一定技术或有资质证书为 0，其他为 1	0.333	0.473

续表

变量名称		变量定义及赋值	样本均值	样本标准差
工作特征	工作地	本县为1，本省非本县为2，外省为3	1.535	0.830
	工作形式	独自外出为1，全家或携妻外出为2，其他为3	1.628	0.791
	工作信息渠道	亲戚乡邻工友等个人渠道为1，公共媒介或政府等公共渠道为2，先择城后择业为3，其他为4	1.651	1.028
	工作居所	工棚或厂房为1，租房为2，家中为3，其他为4	2.008	0.897
工作保障与福利机制	工资支付	按时为1，拖欠为2，不一定为3	1.729	0.925
	加班	经常为1，不经常为2，不加班为3	1.946	0.653
	岗位培训	有为1，无为0	0.357	0.481
工作满意度	维权方式	等待为1，找负责人为2，找政府或其他为3	1.682	0.586
	依靠非农工作生活	有打算为1，无打算为2，没考虑为3	1.690	0.855
	到城里定居	打算为1，无打算为0	1.186	0.429
因变量	家庭总收入	实际数值，最大值为194000，最小值为5230	52340.008	29928.237

数据来源：根据调查资料计算整理。

三 数据检验与模型估计

在前面所建模型的基础上，本部分的检验估计仍然运用 Eviews 8.0 统计软件，并采用多元线性回归对兼业型农民收入影响因素的样本数据进行回归。在处理过程中，遵循先检验是否存在多重共线性问题，然后检验是否存在异方差问题的分析逻辑。

（一）多重共线性检验

通常认为，模型数据存在多重共线性的问题不是有或没有的问题，而是严重与否的问题。在本书中，选择的解释变量较多，变量之间或许存在严重的多重共线性问题。多重共线性将影响变量的显著性分析。为了检验多重共线性，首先将所有变量引入回归方程。估计结果显示出模型中确实存在多个关键性因素 t 值不显著的现象，解释变量的回归系数也存在与预期不一致的问题，或许变量之间存在着严重的多重共线性。为此，分析了解释变量之间的相关系数，建立了相关系数矩阵，但相关系数矩阵的数据显示,解释变量的相关系数普遍很低,说明初步检验所显示的 t 值不显著等现象,不是因为变量之间可能存在的严重的多重共线性问题所致,故多重共线性问题不是本模型需要解决的关键性问题。

(二) 异方差检验

本书所建立的模型主要用于处理横截面数据,且吉林省的地区差异明显,所调查的农户之间也自然存在差异问题,因此,此模型存在异方差问题的可能性很大。在异方差检验中,所选取方法与职业型农民收入增长分析中对所建模型的异方差问题解决时所采取的检验步骤基本一致。首先通过设置 $e^2 = resid^2$,生成了残差平方 e^2。然后,分别做了各解释变量 X_i 与残差平方 e^2 的散点图。散点图显示出,残差平方 e^2 大致存在随部分 X_i 的变动呈现或增大或减少或不规则变化的趋势,即残差平方 e^2 随着 X_i 变动而变动的问题。因此,模型很可能已经产生了异方差问题,故进一步对异方差是否存在问题做确定性检验是必要的。

对异方差确定性检验中选取了 White 检验法,另外,同职业型农民收入增长的分析,因本书中所选取的解释变量较多,为了不影响模型自由度,在辅助函数的构造中未设置变量交叉乘积项。辅助函数为:

$$\sigma_1^2 = \alpha_0 + \sum_{i=1}^{14} (\alpha_i x_i + \alpha_{i+19} x_i^2) + \varepsilon_i \qquad 公式 5$$

经 White 法检验,结果显示出:$nR^2 = 24.86$。而在 $\partial = 0.05$ 下,查自由度为 28 的 χ^2 分布表,可以得到 $\chi_{0.05}^2 (28) = 16.93$,在 $\partial = 0.10$ 下,$\chi_{0.10}^2 (28) = 18.94$,故 nR^2 既大于 $\chi_{0.05}^2 (28)$,也大于 $\chi_{0.10}^2 (28)$。因此,根据 White 检验的判定方法可以认为,不论在 5% 显著性水平下,还是 10% 显著性水平下,均拒绝"不存在异方差"的原假设,不拒绝备择假设,说明模型存在异方差问题。

(三) 异方差修正

在对已有成果处理模型异方差问题的赋权经验借鉴的基础上,曾选择了多种权重做加权最小二乘法估计,以消除模型存在的异方差问题,但经分析显示,权数 $w = 1/\sqrt{|\tilde{u}_i|}$ 在处理异方差中效果更好。故在接下来的分

析中主要以 w 为权数，分别将权数乘到公式 4 的左右两侧，优化 β_j 的估计值，从而消除模型所存在的异方差问题。

（四）回归结果

已有文献在对农民工务工收入进行分析时，对因变量的选取方法并非一致，有以年收入为因变量的（比如：董良，2016[①]；周波、于冷，2011[②]），也有以月收入为因变量的（例如：金晓彤、杨潇，2016）[③]，还有采用平均小时工资的（比如：龚斌磊、郭红东、唐颖，2010）[④]。

兼业型农民的工作类型多样、工作时间也会采取多种形式，故在本书中，分别估计了以家庭年总收入和家庭月总收入为因变量的模型。经估计发现，结果的差异主要表现在常数项上，而回归系数及其 t 检验值相同，因而，结合检验结果和研究中最初即以家庭年总收入为因变量的选择，下面的分析仍然以兼业型农民的家庭年总收入为被解释变量。

以家庭年总收入为因变量、权数为 w 的加权最小二乘法对公式 4 的回归估计结果如表 7—6。

表 7—6　兼业型农民收入的多元线性回归结果

变量名称		系数	T 检验
常数		8.099 ****	25.640
素质禀赋	年龄	0.454 ****	8.025
	文化	0.167 ****	13.699
	身体状况	0.248 ****	8.051
	技术资质	－0.068 ***	－2.631

---

① 董良：《教育、工作经验与家庭背景对居民收入的影响——对明瑟方程和"布劳—邓肯"模型的综合》，《中国社会科学院研究生院学报》2016 年第 7 期。

② 周波、于冷：《农业技术应用对农户收入的影响——以江西跟踪观察农户为例》，《中国农村经济》2011 年第 1 期。

③ 金晓彤、杨潇：《新生代农民工与同龄城市青年发展型消费的比较分析》，《中国农村经济》2016 年第 2 期。

④ 龚斌磊、郭红东、唐颖：《影响农民工务工收入的因素分析——基于浙江省杭州市部分农民工的调查》，《中国农村经济》2010 年第 9 期。

续表

变量名称		系数	T检验
工作特征	工作地	0.080 ****	5.729
	工作形式	0.035 **	2.024
	工作信息渠道	0.101 ****	12.730
	工作居所	0.023 **	2.063
工作保障与福利机制	工资支付	-0.023 **	-1.925
	加班	-0.120 ****	-5.530
	岗位培训	0.279 ****	10.458
工作满意度	维权方式	-0.032 **	-1.849
	依靠非农工作生活	0.045 **	2.420
	到城里定居	0.088 ****	4.285
调整后 R^2		0.859	
F 值		56.631	
加权后 nR^2		16.306	

注：**** 表示在 0.005 的水平上统计显著，*** 表示在 0.01 的水平上统计显著，** 表示在 0.05 的水平上统计显著，* 表示在 0.10 的水平上统计显著。数据根据调查回归而得。

四 结果分析与启示

从表 7—6 所显示的回归结果可以看出，经加权估计，所建立的加权模型实现了解决未加权时所存在的模型异方差的问题，加权后 White 异方差检验的 nR^2 = 16.306，低于临界值点 16.928。F 值也很显著，且模型回归结果调整后的 R^2 = 0.859。这说明模型虽然存在所选择的解释变量相对较多的现象，但回归估计效果很好，全部变量也均通过 0.05 以上水平的显著性检验。可见，模型选择的解释变量对兼业型农民收入影响因素有较强的解释作用。当然也说明了影响兼业型农民收入的因素与影响职业型农民收入的因素一样，不是单一因素，是多方面因素，这符合明瑟劳动挣得收入模型的基本假定。因此，对兼业型农民收入的影响分析要有全局观、系统观，单一因素很难完整诠释收入变化的成因。

（一）兼业型农民的素质禀赋变量对其收入的影响

1. 年龄的回归结果在 0.005 水平上显著，且显示与收入具有同向变动关系；最初，模型中职业型农民收入影响因素的选取，借鉴了已有成果年龄与工资呈"倒 U 型"关系的结论，加入了"年龄平方"变量。然而，经检验年龄平方不显著，与预期不一致，未通过检验。但年龄因素本身的显著水平很高，且在变量组中回归系数最高，说明年龄是影响其收入的重要因素。

2. 文化在 0.005 的水平上统计显著，说明文化对兼业型农民的收入贡献能力较强，也符合非农岗位对文化等素质要求更显性的特性。技术资质方面的回归结果也有助于说明这一点。

3. 技术资质变量在 0.01 的水平上统计显著，说明技术对其增收作用突出。掌握一定技术或有相应的资质证书者其收入水平明显要高于无证无技术、仅靠体力的兼业型农民，显示出在非农工作中文化、技术等能够体现从业者素质的因素对兼业型农民收入的贡献能力较大。因此，在农民职业分化进程中，提高文化技能是增强这个群体参与分工分业的重要保障，也是维持他们在非农岗位就业能力的基石，有助于城镇化建设。

4. 身体因素显著性高，不仅在 0.005 的水平上统计显著，且回归系数在变量组中也较高，显示出身体状况是重要因素，是其他因素发挥作用的基础。这与职业型农民收入增长分析结果相似，说明不论主要从事农业生产经营，还是非农工作，身体状况都很关键，这将直接影响收入状况。

（二）兼业型农民的工作特征变量对其收入的影响

1. 工作地是兼业型农民进行工作选择时必然要面对的问题。本书的回归结果说明，在什么地方就业是影响他们收入水平的重要因素之一。务工地变量在 0.005 的水平上显著，即随着选择在本县务工，到本省非本县务工，再到离开本省到外省务工的行为变化，其收入将表现为增加趋势。这一结果或许是吉林省所能提供的就业机会较少现况的一种反映，显示了吉林省农民在职业分化时，要面对地缘上的劣势，选择省外就业的兼业型农民是面对县内和省内的选择机会较少或收入较低的现实所做出的理性抉择行为，解释了大批农民到发达地区长期务工的选择现象。然而，与职业分化背景下我国农民当前在就业地选择上的整体变化并不完全相同，说明吉林省的兼业型农民是理性的，在寻找适合自我的分化路径。

2. 工作形式也是职业分化趋势下，兼业型农民兼业化程度的一种体现方式。单人外出、夫妻外出、家庭外出及其他形式，可看作一个家庭在"离农"道路上的演进过程，也将对家庭收入的来源与家庭收入结构产生影响。回归显示此因素在 0.05 水平上显著且系数为正，与预期相符，在其他条件不变的前提下，降低分化群体的兼业化水平，将利于收入提高。

3. 工作信息渠道在 0.005 的水平上统计显著，说明信息渠道是影响农民收入的显著性变量。当然，信息渠道低端化也是农民工作信息来源中的一个现实问题。他们的务工信息主要来自亲戚、乡邻或工友等私人渠道，依赖于亲缘与朋源，信息渠道受限于个人的生活圈和交际圈，而通过公共媒介或政府等公共渠道获取的信息较少。其实这种信息渠道的可信度与准确性都更高，对他们的就业选择更具指导价值，但目前公共信息的发布渠道建设滞缓，造成兼业型农民盲目流转，劳动力供需不能有效及时地对接。结果也显示出，当务工者对某城市较认可时，先流转到该城市，然后再选择合适的工作也是一种较好的就业选择方式。

4. 从回归结果来看，居所情况对兼业型农民家庭收入的作用在 0.05 水平上显著。虽然当前多数务工人员的居住环境差异不大，且居住条件差是一个共性问题，而且，居所状况作为能体现他们非农工作中生活质量的工作特征性因素，对收入具有影响作用。

（三）兼业型农民的工作保障与福利机制变量对其收入的影响

1. 工资能否按时支付是事关收入预期实现程度的问题，也是经常被关注的民生事宜。尽管在本书中其对收入的作用仅在 0.05 水平上回归显著，但按时发放工资对兼业型农民收入的作用明显。政府应加大对用工单位的监管，保障工资按时发放，这将是维护兼业型农民收入增长的重要支撑手段。

2. 加班变量在 0.005 的水平上回归显著，但对兼业型农民收入的作用为负，然而，从程度方面来说，加班又成为增加农民收入的手段。看似矛盾的结论，说明对兼业型农民而言，加班是一种被习惯化的工作状态，从业者能接受，因为用人单位很少执行 8 小时工作制，即使执行，收入与适度加班的收入也会拉开差距。在非农化主要为了获取更多收入的目的下，接受加班是一种经济理性的选择。最初，变量组中还包括带薪休假这一体现福利保障状况的变量，然而，回归显示其对兼业型农民收入的作用不显著。当前，兼业型农民的就业市场整体不规范，层级较低，《中华人民共和国劳动法》《中华人民共和国合同法》等相关法规贯彻不到位，休假制度不规范也成为能被接受的普遍问题，因此降低了其对兼业型农民收入的影响。

3. 岗位培训的作用在 0.005 的水平上回归显著，其系数仅低于年龄变量，高于变量组的其他变量。这说明经历了规范培训意味着能够更快地适应工作要求，有助于提高收入水平。结果启示我们，不论政府还是企业都应该将兼业农民的非农技能培训与提升落到实处，看似直接受益者是兼业农民，其实也将成为工作单位与社会的"福利"，成为提高全民技能素质水平的重要手段。

（四）兼业型农民的工作满意度变量对其收入的影响

1. 维权方式是指当工资不能按时发放时，他们将采取什么方式维护权利，这一变量在 0.05 水平上统计显著。当前，拖欠工资是劳资关系不良发展的表现，并将恶化两者之间的关系。从回归系数可看出，随着维权手段的强化，双方关系更加僵化，全额得到工资的比率降低。可见，兼业型农民的群体弱势地位明显，一旦工资被拖欠，维护权利的能力弱，这也是年底企业押支农民工工资现象经常发生的原因之一。

2. 是否有依靠非农收入保障家庭生活的打算对兼业型农民收入的作用在 0.05 的水平上统计显著，二者之间的散点图也能显示出随着从"有打算"到"无打算"的变化，收入呈现明显的下降。其实，实际现象也反映出，一个家庭一旦产生了依靠非农工作来保障家庭生活的想法，说明这个家庭已经形成了新的发展规划，而且这种规划会建立在对非农工作的充分尝试和良好预期基础上。是否有到城市定居打算变量也进一步说明了此结论。

3. 是否在城市定居在 0.005 水平上显著，且有定居城市计划的兼业型农民其收入水平更高,这意味着他们获取非农收入的能力更强更稳,更可能有能力在城镇有居所,从而逐步实现市民化。

第三节 职业型与兼业型农民收入增长影响因素比较

在农民职业分化趋势下,基于社会价值与个体价值的要求,农民的职业选择出现了差异,从而家庭收入结构出现了变化,主要是职业型农民以家庭经营性收入为主,兼业型农民以工资性收入为主。经分析显示,农民不论主要从事农业生产经营,还是非农工作,制约其收入增长的因素都是复杂的、多样的,既包括构成素质因素的多种变量,也包括能反映生产力状况的多种变量,说明研究农民收入增长问题需要树立系统观、大局观,避免就农业论农民增收问题。

一 职业型与兼业型农民收入增长分析结论的相同方面

(一)身体状况的影响显著

回归显示,不论是职业型农民还是兼业型农民,身体状况都很重要,在素质禀赋变量组具有基础作用,均在 0.005 的水平上回归显著,显著水平高,印证了身体健康状况是硬性因素,是其他变量发挥作用的重要条件与基础保障。

(二)心理预期性变量显现出积极效应

积极的预期更容易成为行动的源动力,调动其热情,促进生产或工作的主动性与积极性,激发他们的创造力。前面的分析很好地支持了心理预期性变量在农民收入中的正效应,比如,影响职业型农民收入增长的变量:粮价预期、对农业生产经营进行保护性生产投资的意愿以及对规模经营认知水平;影响兼业型农民收入增长的变量:依靠非农工作获取收入以满足生活需求、到城里定居等变量。这些变量都在很高的水平上显著。其实,这种效应的形成来源于:其一,心理引导行动;其二,多轮实践的验证;其三,与宏观经济形势的吻合。

(三) 宏观政策因素也是收入保障

"三农"问题的形成、解决均与宏观政策密切相关,农民收入增长问题也是如此,离不开用政策创造空间。职业型农民收入分析中的政策补贴,兼业型农民收入分析中工资能否按时支付、岗位培训甚至包括加班因素都体现出宏观政策在收入中的不可替代作用。无论职业型农民还是兼业型农民,均具有社会弱势群体的性质,保障并促进他们收入增长离不开从政策上构建相应的支撑体系。

(四) 家庭收入构成相似

从研究概念界定到基本假设都遵循了通过收入结构的主渠道原则来区分职业型农民与兼业型农民,决定了被定义为职业型农民的收入增长因素与兼业型农民存在着差异。然而,在家庭收入主要来源发生变化的情况下,家庭收入由家庭经营性收入、工资性收入、财产性收入和转移性收入的四大收入构成并未改变。兼业型农民基本也未放弃家庭经营性收入,且部分农户还存在养殖业收入,转移性收入对其也具有增收作用;职业型农民家庭收入中也基本包括工资性收入。

二 职业型与兼业型农民收入增长分析结论的相异方面

(一) 年龄变量的影响差异明显

已有研究成果对年龄因素在收入中的作用表现出回归结果的"先增后降"变化,即年龄对收入影响作用有一个年龄界点,在这个年龄点之前,与收入具有同向变动关系,然而,一定年龄后,对收入的作用为负效应。这一结论在职业型农民收入中得到证实,或许与农业生产经营主要属于繁重的体力劳动有关,更对劳动者的身体素质有特殊要求。随着年龄增长,体力过了高峰点,即使还具有技能水平和经验积累上的优势,但身体素质和劳动能力将表现出下降趋势,这是基本的生命规律决定的。

然而,这一特点并未获得兼业型农民收入增长分析的支持。在兼业型农民收入增长分析中,年龄本身的回归结果显著水平很高,但未体现出"先增后降"的变化特点。或许与非农工作的特点和工作经验积累有关系,使年龄的转折点相对不明显。

(二) 文化变量的影响作用显著中存在差异

分析显示出，不论农民职业定位在农业领域还是非农领域，文化对其收入增长都具有显著性作用，均在 0.005 水平上统计显著。作为农民综合素质的重要构成因素，抓基础教育是提高劳动者基本质量的必要手段，也是农民收入稳定的重要保障。然而，在这一致性下，文化对职业型农民收入增长的作用还表现出与年龄变量相似的变动特点，即存在一个界点。具有高文化水平的劳动者在当前农业生产经营模式下，其优势并不一定能得到充分展示，高中文化在当前农业生产中的作用更易于体现，这与当前高等教育所培养的技能更适合非农职业有关。故应针对农业生产特点输送人才，提高技能素质针对性。

(三) 影响主要收入来源的因素构成差异大

模型回归显著性说明，对职业型农民而言，显著性因素主要是生产经营状况方面的，围绕能反映农业经营受制于社会经济规律（比如：土地流转变量、主要种植作物变量、经营成本变量等）和自然规律特征（比如：灌溉设施变量、农业自然灾害因素、农业保险变量等）的因素，体现了职业型农民收入主要依靠家庭生产经营状况的特点。对兼业型农民而言，影响其收入增长的因素主要集中在工作机制与工作成效方面，这些因素更能反映工作的软环境状况，比如：工作地选择、务工信息来源渠道、工资能否按时支付、是否经常加班、岗位培训情况及反映兼业化程度的工作形式等因素。可见，模型回归统计显著的影响因素均是更能体现不同农民群体主要收入来源特性的因素，这些因素的变化将直接关系到他们的生产经营效益或工作绩效。当然，影响其收入增长的多数因素仅靠他们的努力也是难以改善的，需要宏观政策支持和提高政策精准度。

(四) 婚姻变量作用差异明显

婚姻是成长道路上的一个重要转折点，对农民而言，也是从"为自己"到"为家庭"的重要节点。在职业型农民收入增长影响因素分析中，支持了婚姻变量的作用，在 0.10 水平上显著，相比之下，已婚有助于认清身上的家庭责任，更能考虑长远发展；未婚者相对年轻，发展规划还不明确，较少考虑长远发展问题。但对兼业型农民收入增长分析中，婚姻变量根本不显著，成为被剔除变量之一。

（五）财产性收入与补贴性收入的贡献能力不同

总体而言，财产性收入和补贴性收入虽然不是增加农民收入的主要渠道，然而是农民收入来源的组成部分，但对不同类型的农民其贡献能力有差别。财产性收入是26.42%的职业型家庭收入的组成，而对兼业型农民来说，比重为44.19%，接近一半的兼业型农民有财产性收入，且比重占到家庭总收入的5.37%，远高于职业型农民占比仅为1.07%的水平；从地区对比上看，存在3—6个百分点的差别，说明兼业型农民在财产收入方面的能力更强，更容易形成财产性的财富积累。补贴性收入对职业型农民的贡献能力强，全省达到5.22个百分点，而对兼业型农民而言，仅占其收入的3.27%；从东、中、西部地区的分区对比上看，比重也基本高于兼业型农民2—3个百分点，金额上存在500—1500元不等的差距。

因此，在农民职业分化进程中，随着家庭发展规划的调整，财产性收入与补贴性收入在其家庭中的作用将会逐步发生变化。

三 职业型与兼业型农民收入增长分析结论与预期对比

基于分析目的，结合已有研究成果，构建了职业型农民和兼业型农民收入增长的变量组。经模型回归发现，多数变量与预期结论一致，且回归结果说明，多数变量支持了研究假定，是影响农民收入增长的重要因素，模型对职业型农民收入和兼业型农民收入均具有解释作用。然而，也存在部分变量与预期不一致，甚至回归结果也不具有显著性的变量，联系实际却能看出，这些变量的回归结果对实践有启迪作用（见表7—7）。主要体现在：

（一）农业保险购买问题

在对职业型农民收入增长影响因素分析中，农业保险变量对农民收入作用是负向的，不仅不是增加收入的因素，而且成为农民收入减少的因素,与预期不符,也与建立农业保险的初衷相悖。然而,这与农业保险赔付率低且获得赔付难度大的事实相关。调研也发现,只有绝收时才会启动赔付机制,且能拿到的赔偿金仅为几百元,显然难以收回成本,其实自然灾害造成农业减产很普遍但造成绝收的几率很低,因而农业保险成为职业型农民增收的不利因素之一。

(二) 结构单一的玉米种植问题

吉林省是适宜于玉米种植的主产区,主要种植作物对职业型农民收入的增长作用在 0.005 的水平上显著。然而,种植品种与种植结构都存在严重的单一化问题,不利于土地资源保护和生态环境保持,长期如此,也将影响种植户的增收效应,弱化其价值贡献能力,这与当前玉米成为农民收入重要渠道的结论并不矛盾。这说明尽管"镰刀弯"地区在吉林省主要覆盖了东部冷凉地区和西部盐碱地的土壤瘠薄地区,然而,其他地区也存在种植结构与种植品种要注意适度多样化等问题,也需要加快农业供给侧的结构性改革。

(三) 投入是提高收益的条件

直观上,成本是生产过程的先期投入,从这个意义上而言,成本将是总收益的减量因素。然而,一定的成本投入又是组织生产经营的必要条件,不可或缺,因而,投入科学合理的经营成本又是提高收入的基本要素。回归结果显示出,同等条件下,经营成本投入与家庭总收入之间具有正比例关系,投入是产出的基础,是提高收益的条件。

(四) 普遍接受加班的现象是农民经济理性选择行为

加班本是延长劳动时间的行为,是一种侵犯兼业型农民劳动权利的现象,然而,分析显示,在非农化主要为了获得更多收入的目的下,普遍能接受用人单位打破 8 小时的工作制度,加班成为一种被习惯化的工作状态,因为适度加班会让他们的收入拉开差距。其实,这种现象的出现,一方面是现实中《中华人民共和国劳动法》《中华人民共和国合同法》等相关法规在很多企业贯彻难,用人单位容易侵犯兼业型农民的劳动权利的反映。另一方面也是劳动与闲暇选择理论的体现。通常劳动者在不同的收入水平上，对收入与闲暇会产生不同的偏好，当收入较低时，劳动者更多地选择收入，宁可牺牲闲暇，而去加班加点的工作；只有当收入水平提高到一定水平时，尽管雇佣者提高收入，劳动者也不再选择加班加点，而是更倾向于选择闲暇。因而，兼业型农民接受加班的普遍现象是他们经济理性的选择行为。

表7—7 回归结果与预期对比

变量名称		职业型农民			兼业型农民		
		预期	回归	结论	预期	回归	结论
素质状况	性别	+	+	一致/显著			
	年龄	+ -	+ -	一致/显著	+ -	+	不一致/显著
	文化	+	+ -	不一致/显著	+	+	一致/显著
	婚姻	+	+	一致/显著	+	剔除	不一致/不显著
	身体状况	+	+	一致/显著	+	+	一致/显著
	技术资质				−	−	一致/显著
经营成本	经营成本	——	+	显著			
政策机制	政策补贴	+	+	一致/显著			
生产条件与经营状况	灌溉设施	+	+	一致/显著			
	土地流转	——	+	显著			
	主要种植作物	——	−	显著			
	规模经营认知	——	−	显著			
自然灾害	农业自然灾害	−	−	一致/显著			
	农业保险	+	−	不一致/不显著			
经营预期	粮价预期	——	+	显著			
	保护性生产投资意愿	——	−	显著			
工作特征	工作地				——	+	显著
	工作形式				——	+	显著
	工作信息渠道				——	+	显著
	工作居所				+	+	一致/显著
工作保障与福利机制	工资支付				−	−	一致/显著
	加班				——	−	显著
	岗位培训				+	+	一致/显著

续表

变量名称		职业型农民			兼业型农民		
		预期	回归	结论	预期	回归	结论
工作满意度	维权方式				——	-	显著
	依靠非农工作生活				-	+	不一致/显著
	到城里定居				+	+	一致/显著

注：+同向变动；-反向变动；+-先同向后反向变动；——不确定。

（五）省外务工显著性更高

在对兼业型农民收入增长分析显示出，尽管在什么地方就业是影响他们收入水平的重要因素之一，在0.005的水平上显著，但与我国农民职业分化在就业地选择上的整体变化并不完全一致。吉林省农民选择省外就业更能促使其收入增加。这种现象的出现，源于选择省外就业的兼业型农民是面对县内和省内的选择机会较少或收入较低的现实所做的理性抉择，显示了吉林省的兼业型农民的经济理性，在寻找适合自我的分化路径。

第四节　本章小结

本章主要基于吉林省调查数据，从实证角度分析了农民收入增长影响因素问题。在分析中，借鉴已有成果的分析方法，选取了Mincer劳动挣得收入函数作为分析模型，并根据模型内涵，分别构建了职业型农民与兼业型农民收入增长的影响因素，以Eviews 8.0为分析软件进行分析，并对两类农民收入增长问题进行对比分析。结果显示：

1. 不论职业型农民还是兼业型农民，影响其收入的因素都是多方面的，具有系统性。其中影响职业型农民收入增长的主要因素：身体状况、文化程度、性别、年龄、土地流转、作物种植品种、经营成本、灌溉设施及粮价预期、保护性生产投资意愿和规模经营认知等；影响兼业型农民收入增长的主要因素包括年龄、身体状况、文化程度、务工地、务工信息渠道、加班情况、岗位培训、城里定居规划、技术资质等因素。

2. 结果对比显示，两类农民收入增长分析结论的相同方面主要体现在：身体健康状况、心理预期性变量、宏观政策因素及收入基本构成情况。

3. 分析结论的相异方面主要体现在：年龄、文化显著水平的变化、主要收入来源影响因素、婚姻变量及财产性收入与补贴性收入的贡献能力等方面。

4. 分析结论也显示出多种因素与预期存在差异，主要表现在：农业保险购买、结构单一的玉米种植问题、经营成本对收入的作用以及普遍接受加班的经济理性选择行为、省外务工选择等方面。从中能得出一些政策启示。

第八章
我国的农民收入支持政策评析

前几章的分析内容启示我们，无论农民职业分化行为，还是农民收入增长问题，与国家的宏观政策制度均具有密不可分的关系。其实，作为"三农"核心问题的农民收入问题也是国家政策层面的重要组成部分，并随着宏观形势与综合国力进行调整完善。然而，在职业分化加速的背景下，仍然按照原来的方式对农民收入进行笼统的支持，已经欠缺针对性，造成了政策失准、执行效果不明显等政策设计问题，当然，国家也在某些方面进行了调整，比如：2015年的"中央一号"文件提出将直补资金的20%用于支持发展家庭农场且在部分地区进行了试点；2016年调整了补贴方式，建立了农业支持保护补贴制度，旨在支持农业的可持续发展和规模经营；2016年实施的包括吉林省在内的玉米价补分离改革就倾向于补贴土地实际经营主体等。

那么，改革开放以来，我国是怎么发挥政策效应支持农民收入增长的？基于这种思考，本章将从农民职业分化的视角，厘清农民收入与政策之间的关系，在梳理侧重支持职业型农民收入增长政策与侧重支持兼业型农民收入增长政策的基础上，深入评析各阶段的政策效果，从而明确政策调整方向，也为政策建议的提出提供基础与支撑，进而提出政策建议。

第一节 我国农民收入政策演变回顾

我们国家对农民收入保护存在一个逐步调整与完善的过程，从城乡二元结构下农业哺育工业到新世纪以来的工业反哺农业就是重要转变。那么，我国支持农民收入的政策主要体现在哪些方面？下面将主要从农民收入结构变化视角对改革开放以来我国支持职业型农民和兼业型农民收入的政策演变做以回顾（见图8.1）。

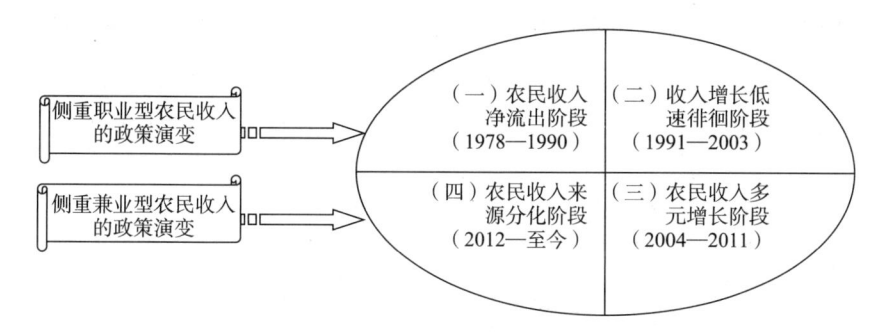

图8.1 我国农民收入政策演变阶段

一 侧重支持职业型农民收入政策的演变回顾

（一）农民收入净流出阶段（1978—1990年）

十一届三中全会的召开，确立了解放思想、实事求是的思想路线，开辟了以经济建设为中心的发展道路，并深入讨论了农业问题，农业改革问题成为十一届三中全会改革的重点领域。会议通过了《关于加快农业发展若干问题的决定（草案）》，要求集中主要精力把农业尽快搞上去，为了缩小工农产品交换的"剪刀差"，决定自1979年起大幅提高粮棉油等农副产品收购价格，改革农产品流通体制和价格管理体制。

然而，这个时期农民收入实现增长主要还是依靠国家推进始发于农民的土地制度改革。

以土地制度改革为核心，调整农村基本经济制度和社会管理方式的主要表现为：废除了运行达25年的人民公社制度，确立了家庭联产承包责任制度。1981年年底中央确认了农村土地经营制度创新；1982年"中央一号"文件中认为，包产包干制度是集体经济的生产责任制，体现劳动成果的一种方法，并坚持农产品统购统销政策；1983年"中央一号"文件中指出，联产承包制兼顾了集体优越性与个人积极性，废止了人民公社对社会管理与经济领导功能；1984年"中央一号"文件延长土地承包期为15年，并鼓励土地逐步向种田能手集中,转入户可以适当为转出户提供平价口粮;1985年改革了农产品统购派购制度;1986年关注农业种植成本、财政投入和多种经营等问题,鼓励农民通过多种经营增加收入(见表8—1);1990年,颁发《关于切实减轻农民负担的通知》,同年施行了粮食最低保护价制度和专项储备制度。通过以上改革,在全国逐步确立了统分结合的家庭联产承包责任制度的主体地位,发挥了带动农民增产与增收的作用。

表8—1　20世纪"中央一号"文件关于土地制度的相关规定

年份	文件名称	文件内容
1982	全国农村工作会议纪要	提高农产品收购价格;包产包干到户到组是社会主义集体经济的生产责任制;坚持粮棉油等产品统购统销政策
1983	当前农村经济政策的若干问题	联产承包制实现了统一经营与分散经营的结合,使集体优越性和个人积极性得到同时发挥;逐步实现政社分设
1984	关于一九八四年农村工作的通知	稳定和完善联产承包责任制;土地承包期15年以上;鼓励土地逐步向种田能手集中
1985	关于进一步活跃农村经济的十项政策	取消除个别品种外的农产品统购派购制度,实行合同定购或市场收购制度;联产承包责任制和农户家庭经营长期不变
1986	关于一九八六年农村工作的部署	稳定并补贴农用生产资料的销售价格;地方财政要向农业投入一部分资金;粮食调拨实行包干制度,超包干的,自行协商议价购销;统筹兼顾粮食生产与多种经营,农民要靠多种经营来补充收入

资料来源:根据文件整理。

(二)收入增长低速徘徊阶段(1991—2003年)

20世纪90年代以来,重视落实保障农民经营性收入的政策。比如:1993年下发了清停涉及农民负担的文件和收费项目的紧急通知,同年10月国务院下发《关于加快粮食流通体制改革的通知》,取消了粮食统购统销制度;1996年,发布了《关于切实做好减轻农民负担工作的决定》;1997年,出台按保护价敞开收购农民余粮的政策;1998年,《关于农业和农村工作若干重大问题的决定》中加大了农产品流通体制改革的力度,强调包产到户是党领导下农民的伟大创造;2003年《关于完善社会主义市场经济体制若干问题的决定》中指出,家庭承包经营是农村基本经营制度的核心。这些政策起到了保障农业经营性收入的作用。

(三) 农民收入多元增长阶段（2004—2011年）

这个阶段保障农民的家庭经营性收入持续稳定增长的主要政策特征为：其一，增强转移支付力度，建构农民收入流入机制；其二，减轻农民经营负担，保护农业剩余。

其一，建立农业生产补贴制度，形成收入流入机制，增加农民收入。2004—2011年，中央连续出台了8个以"三农"问题为主旨的一号文件，其中有3个直接以农民收入为主题，2个以新农村建设为主题，2个围绕农业基础设施建设，1个关注了农业综合生产能力建设（见表8—2）。这8个一号文件前后都坚持了"多予、少取、放活"的农业政策方针，注重提升农业经营能力，提高农业内收入的能力。对农"反哺"机制形成了以"四补贴"——种粮直接补贴、农资综合补贴、良种补贴和农业机械购置补贴——为主体的多覆盖的支农惠农政策，且受补贴的作物品种与畜牧种类也呈现了逐步调整完善的发展趋势。

据资料显示，仅2004年我国转移性支出就达450亿元，支农投入资金全年超过2600亿元，扶持政策推动农民近2个百分点的增收能力[①]；而2004—2009年，财政支农资金总量更达2.5万亿元，年均实现近27%的增长；2004—2012年中央财政"四项补贴"支出更达7917.5亿元，而且在2004—2008年呈现了逐年递升的态势。从补贴品种上，农机具购置补贴和农资综合补贴增长更快，而粮食直补和良种补贴因粮食作物种植面积相对稳定，变化较小。这个时期是改革开放以来国家对"三农"投入增加最多、增长最快的时期（见表8—3）。

表8—2　21世纪的"中央一号"文件关于农民收入的规定（一）

年份	文件名称	文件内容
2004	关于促进农民增加收入若干政策的意见	坚持"多予、少取、放活"方针；增加农业补贴，挖掘农业内部增收潜力；拓宽增收渠道，增加农民务工收入；深化税费改革，减轻农民负担；完善扶贫机制，改善困难群体生活状况

---

① 刘英杰、刘家益、李丹：《我国农民收入增长的政策效应与发展走向分析》，《农业经济与管理》2012年第4期。

续表

年份	文件名称	文件内容
2005	关于进一步加强农村工作提高农业综合生产能力若干政策的意见	国家扶贫开发重点县实行免征农业税试点，降低其他地区的农业税税率；继续实行种粮直接补贴、良种补贴和农机具购置补贴
2006	关于推进社会主义新农村建设的若干意见	继续实行"三减免、三补贴"和退耕还林补贴政策；粮食主产区要将种粮直接补贴的资金规模提高到粮食风险基金的50%以上
2007	关于积极发展现代农业扎实推进社会主义新农村建设的若干意见	种粮农民直接补贴资金要超过粮食风险基金的50%，加大补贴范围和品种，扩大农机具购置补贴规模、机型和范围，加大农资综合补贴力度
2008	关于切实加强农业基础建设进一步促进农业发展农民增收的若干意见	完善农业补贴制度，加大直接补贴力度，所有农业县覆盖农机具购置补贴；通过结构优化，降低成本，非农就业，政策支持等方式实现农民增收
2009	关于2009年促进农业稳定发展农民持续增收的若干意见	加大良种补贴力度，全覆盖水稻、小麦、玉米、棉花；全国所有农牧业县（场）覆盖农机具购置补贴；加大农资综合补贴力度，完善补贴动态调整机制
2010	关于加大统筹城乡发展力度进一步夯实农业农村发展基础的若干意见	坚持种粮补贴；增加良种补贴，扩大马铃薯补贴范围；启动青稞良种补贴，实施花生良种补贴；增加牧业、林业和抗旱、节水机械设备的购置补贴；完善农资综合补贴动态调整机制
2011	关于加快水利改革发展的决定	扩大节水、抗旱设备补贴范围；提取土地出让收益10%用于农田水利建设；鼓励银行金融机构增加农田水利建设的信贷资金

资料来源：根据相关资料整理。

表8—3 我国中央财政对农业"四项补贴"支出情况

单位：亿元、%

年份	粮食直补	良种补贴	农机具购置补贴	农资综合补贴	四项合计	增幅
2004	116	28.5	0.7		145.2	
2005	132	37.5	3.0		172.5	18.8
2006	142	41.5	6.0	120	309.5	79.4
2007	151	66.6	20.0	276	513.6	65.9
2008	151	120.7	40.0	716	1027.7	100.1
2009	190	198.5	130.0	756	1274.5	24.0
2010	151	204.0	154.9	835	1334.9	5.5

续表

年份	粮食直补	良种补贴	农机具购置补贴	农资综合补贴	四项合计	增幅
2011	151	278.0	175.0	835	1439.0	7.8
2012	151	514.6	200.0	835	1700.6	18.2

资料来源：孔祥智、毛飞：《中国农村改革之路》，中国人民大学出版社 2014 年版，第 70 页。

其二，减轻农民经营负担，实现农业剩余保护。农业税在我国历史上称为田赋，最早可追溯到春秋时期鲁国的"初税亩"。中华人民共和国成立后，也建立了相关的农业税费收缴办法，但直到 1958 年通过了《农业税条例》，才确立了中华人民共和国较为完备的农业税征缴制度。农业税作为中华人民共和国的重要税种之一，为建立工业体系做出了重要贡献，也成为农民沉重负担的重要因素。在 1994—2000 年间，农民人均税费负担一直超过 100 元，最高达到 168.4 元；1994 年更占农民人均纯收入的 12.2%。因而，在 2003 年开始了农业税改革试点，实施了包括农业税、牧业税、农业特产税和屠宰税的"四减免"，农民的税费负担快速下降。到 2006 年初全面取消农业税时，农民人均税费负担降到 11 元，占农民人均纯收入 0.3%（见表 8—4）。

农村税费改革以"三个取消、两个调整、一个逐步取消、一个改革"为主要内容，即取消乡统筹、教育集资、屠宰税；调整农业税、农业特产税；逐步取消劳动积累工和义务工；改革村提留征收及使用的办法。第十届全国人大决定，自 2006 年 1 月 1 日起废止《农业税条例》，标志着在我国存续了几千年的"皇粮国税"退出了历史舞台。

农村税费改革被誉为"中国农村的第三次革命"，成为支持农业、增加农民收入的一把"利剑"，斩断了附加在农民身上的多种税费，大大限制了基层政府增加农民负担的空间，发挥了保护农民生产剩余的功效。

表 8—4　我国农民税费负担变化情况

年份	农民税费负担总额（亿元）	农业各税（亿元）	三提五统（亿元）	农业各税占农民税费总额的比重（%）	农民人均税费负担（元）	税费占农民人均纯收入比重（%）
1990	469	87.9	333.3	18.7	55.8	9.3
1991	518	90.7	363.8	17.5	60.8	8.9

续表

年份	农民税费负担总额（亿元）	农业各税（亿元）	三提五统（亿元）	农业各税占农民税费总额的比重（%）	农民人均税费负担（元）	税费占农民人均纯收入比重（%）
1992	603	119.2	373.1	19.8	71.1	10
1993	687	125.7	380	18.3	80.7	10.3
1994	958	231.5	461.3	24.2	112	12.2
1995	1155	278.1	547.5	24.1	134.3	11
1996	1248	369.5	679.7	29.6	144.4	9.2
1997	1379	397.5	703	28.8	159.2	8.3
1998	1399	398.8	729.7	28.5	161	7.7
1999	1363	423.5	669.5	31.1	156.6	7.2
2000	1359	465.3	620.4	34.2	168.4	7.6
2001	717	481.7	551.7		90.1	3.8
2002	616	717.9	292.8		78.7	3.2
2003	517	871.8			67.3	2.6
2004	288	902.2			38	1.3
2005	97	936.4			13	0.4
2006	81	1084			11	0.3

注：2006年以前，"农业各税"包括耕地占用税、农业特产税、农业税、牧业税和契税；2006年后，仅包括烟叶税、契税和耕地占用税。"三提五统"包括村提留的公积金、公益金和管理费及乡统筹的乡村两级办学、计划生育、优抚、民办训练和乡村道路维修等费用。参见孔祥智、毛飞《中国农村改革之路》，中国人民大学出版社2014年版，第69页。

（四）农民收入来源分化阶段（2012年至今）

这个时期国家支持职业型农民增收主要依靠：其一，完善补贴制度，增加农民收入；其二，健全家庭承包经营制度；其三，鼓励土地流转，实现规模经营，推动农业现代化。

其一，完善对农补贴机制。主要表现在：（1）健全补贴制度。进入农业现代化时期，"中央一号"文件尤其侧重提高补贴的精准度，2013年"中央一号"文件就要求补贴向主产区和优势产区集中，向专业大户、家庭农场、农民合作社等新型经营主体倾斜，支持发展新型经营主体；2015年开启了合并粮食直补、良种补贴、农资综合补贴为农业支持保护补贴的改革试点，并于 2016 年在全国推广，同时提出完善农机购置补贴政策，这一调整强调支持耕地地力保护和粮食产能提升。可见，补贴政策的导向性更明确，坚持维护农民承包权，又强调绿色补贴，构建农业可持续发展体系。（2）加快主要农产品价格形成机制改革，试点价补分离的农产品价格形成机制。这个时期，对关键农产品稻谷、小麦仍然坚持了最低收购价政策，也加大了对主要粮食作物保险保费的补贴力度，更好地引导农业生产经营的合理化与科学化（见表 8—5）。

总体上，当前我国已经建立了包括稳定生产性补贴、优势区补贴、可持续生产性补贴、产业化补贴、生产资料性补贴、培育经营主体性补贴、安居性补贴等 7 类 48 种农业补贴政策，补贴项目已具体化（见表 8—6）。

表 8—5　21 世纪以来 "中央一号" 文件关于农民收入的规定（二）

年份	文件名称	文件内容
2012	关于加快推进农业科技创新持续增强农产品供给保障能力的若干意见	提高种粮直补水平；对农资综合补贴做动态调整；加大良种补贴力度；扩大农机具购置补贴规模和范围，完善补贴机制与管理办法
2013	关于加快发展现代农业进一步增强农村发展活力的若干意见	落实种粮直补和良种补贴，扩大农机具购置补贴规模，动态调整农资综合补贴；新增补贴向主产区和优势产区集中，向专业大户、家庭农场、农民合作社等新型生产经营主体倾斜
2014	关于全面深化农村改革加快推进农业现代化的若干意见	"四个试点"：东北和内蒙古大豆、新疆棉花目标价格补贴试点；粮食、生猪等农产品目标价格保险试点；粮食生产规模经营主体营销贷款试点；农机报废更新补贴试点。新增补贴向粮食等重要农产品、新型农业经营主体、主产区倾斜。加大农机购置补贴力度。实施畜牧良种补贴
2015	关于加大改革创新力度加快农业现代化建设的若干意见	增强政策助农增收力度；调整改进 "黄箱" 支持政策；补贴向主产区和新型农业经营主体倾斜；扩大节水灌溉设备购置补贴；加大主要粮食作物保险保费补贴力度；增加农民财产性收入
2016	关于落实发展新理念加快农业现代化实现全面小康目标的若干意见	把部分支农资金用于培养职业农民；把使用财政支农资金与农民分享产业链利益相联系；完善稻谷、小麦最低收购价格，改革棉花、大豆目标价格，补贴玉米生产者；合并粮食直补、良种补贴、农资综合补贴为农业支持保护补贴；完善农机购置补贴
2017	关于深入推进农业供给侧结构性改革加快培育农业农村发展新动能的若干意见	完善农产品产地初加工补助政策；完善农村危房改造政策，提高补助标准；合理调整小麦、稻谷最低收购价水平，形成合理比价关系；健全玉米生产者补贴制度，调整大豆目标价格政策；完善农机购置补贴，推进农业 "三项补贴" 制度改革

资料来源：根据相关资料整理。

表 8—6　我国当前促进农民增收的各种农业补贴项目

补贴类别	稳定生产性补贴	优势区补贴	可持续生产性补贴	产业化补贴	生产资料性补贴	培育经营主体性补贴	安居性补贴
补贴项目	种粮直补政策	提高小麦、水稻最低收购价政策	农业防灾减灾稳产增产关键技术补助	做大做强育繁推一体化种子企业支持政策	渔业柴油补贴政策	农产品产地初加工支持政策	农村沼气建设政策
	农产品目标价格政策	产粮（油）大县奖励政策	推进粮棉油糖高产创建支持政策	农产品追溯体系建设支持政策	农资综合补贴政策	扶持家庭农场发展政策	以船为家渔民上岸安居工程
	畜牧良种补贴政策	生猪大县奖励政策	园艺作物标准园创建支持政策	振兴奶业支持首蓿发展政策	良种补贴政策	扶持农民合作社发展政策	开展村庄人居环境整治政策
	新增补贴向粮食等重要农产品、新型农业经营主体、主产区倾斜政策	基层农技推广体系改革与示范县建设政策	测土配方施肥补助政策	国家现代农业示范区建设支持政策	农机购置补贴政策	发展多种形式适度规模经营政策	加快推进农业转移人口市民化政策
	农业保险支持政策		土壤有机质提升补助政策	农村改革试验区建设支持政策	农机报废更新补贴试点政策	培育新型职业农民政策	村级公益事业一事一议财政奖补政策
			农业标准化生产支持政策	鲜活农产品运输绿色通道政策	海洋渔船更新改造补助政策	培养农村实用人才政策	农村危房改造政策
			畜牧标准化规模养殖扶持政策	发展新型农村合作金融组织		农民培训阳光工程政策	
			草原生态保护补助奖励政策	健全农业社会化服务体系			
			渔业资源保护补助政策				
			生鲜农产品流通环节税费减免				
			农业资源休养生息试点				

资料来源：根据《2014 年国家深化农村改革、支持粮食生产、促进农民增收政策措施》（《农民日报》2014 年 4 月 25 日第 2 版）整理。

其二，健全完善家庭承包经营实现形式。在社会发展中，政策上一直从解放生产力和发展生产力的高度，坚持健全土地家庭承包经营制度，不断完善土地制度的实现机制。2013年，《关于全面深化改革若干重大问题的决定》中要求，坚持家庭经营在农业中的基础地位，保障农民集体经济组织成员权，赋予农民对集体资产股份占有、收益、有偿退出及抵押、担保、继承权；2016年"中央一号"文件强调以农户家庭经营为基础，稳定和完善农村基本经营制度。全过程始终坚持家庭承包经营是农村基本经营制度的核心，在稳定土地承包关系、激活土地流转机制、支持农村发展合作经济、推进农业现代化等方面创新土地家庭经营制度的实现形式①。

其三，鼓励土地流转，推动农业现代化发展。农业是全面建成小康社会和实现现代化的基础，而农业现代化是我国现代化链条的短板，面对农业国际化趋势和建设全面小康社会的任务，需要补齐发展短板和农业短腿。党的十八大关注农村合作经济，提出发展多种形式的规模经营，培育农业新型经营主体，为我国农业寻找发展方向；十八届三中全会更为农村土地的合理流转开辟了道路；之后连续发布的"中央一号"文件主要围绕农业现代化问题，从激活土地流转、支持农村合作经济、培育新型经营主体等方面进行论述，引领了农业发展，带动了农民收入增加（见表8—7）。国家在"十三五"规划的第四部分也单列"推进农业现代化"篇，并从增强农产品安全保障能力、构建现代农业经营体系、提高农业技术装备和信息化水平、完善农业支持保护制度等四章进行论述。可见，推进农业现代化成为党的十八大以来关注的重点问题，也将成为引导农业发展、增加农民收入的重要保障。

表8—7 推进农业现代化的部分政策规定

标志性决策	时间	主要提法			
		土地流转行为	农村合作经济	农业现代化	新型经营主体
十八大	2012		发展农民专业合作和股份合作，壮大集体经济实力		培育农业新型经营主体，发展多种形式规模经营

① 刘乃安：《构建我国新型农村土地家庭经营体制与实现形式》，《当代经济研究》2017年第8期。

续表

标志性决策	时间	主要提法			
		土地流转行为	农村合作经济	农业现代化	新型经营主体
十八届三中全会	2013	允许农村集体经营性建设用地出让、租赁、入股,符合规划和用途管制的"与国有土地同等入市、同权同价"。承包经营权向农业企业流转与向专业大户、家庭农场、农民合作社的流转平等对待	保障农民集体经济组织成员权利,积极发展农民股份合作		农业经营要推进家庭经营、集体经营、合作经营、企业经营等农业经营方式创新
一号文件	2014	有条件的地方,可对流转土地给予奖补;允许承包土地经营权向金融机构抵押融资;抓实农村土地承包经营权确权登记颁证	鼓励发展专业合作、股份合作等形式的农民合作社;完善税收优惠政策,支持农民合作社发展农产品加工流通		建设用地单列新型农业经营主体配套设施建设指标;鼓励设立融资性担保公司为新型经营主体担保
一号文件	2015	创新土地流转和规模经营方式,引导土地经营权流转,发展适度规模经营;鼓励发展家庭农场;土地流转要尊重农民意愿	拓宽农民专业合作社服务领域。农村集体经营性资产股份合作试点严格限制在集体经济组织内	支持农民以土地经营权入股龙头企业,工商资本进入农业发展适合企业化经营的项目	支持农业发展多种形式的规模经营和农业产业化经营
一号文件	2016	依法推进土地经营权有序流转,引导农户自愿互换承包地块实现连片耕种	创新订单农业;鼓励发展股份合作,引导农户自愿以土地经营权等入股合作社;支持合作社发展农产品加工流通和直供直销	支持新型农业经营主体和新型农业服务主体成为建设现代农业的骨干力量	积极培育家庭农场、专业大户、农民合作社、农业产业化龙头企业等新型农业经营主体

资料来源:参照刘乃安《构建我国新型农村土地家庭经营体制与实现形式》,《当代经济研究》2017 年第 8 期。

二 侧重支持兼业型农民收入政策的演变回顾

(一)农民收入净流出阶段(1978—1990 年)

这个时期增加农民工资性收入主要通过支持乡镇企业的发展而开辟了

兼业型农民的成长空间。此阶段虽然政策上仍然限制农民非农化转移,比如:1989年国务院发文《关于严格控制"农转非"过快增长的通知》,1990年民政部和公安部发布的《关于做好劳动力就业工作的通知》仍规定要引导农村富余劳动力"离土不离乡",因地制宜发展农林牧副渔。

然而,20世纪80年代农民开辟了工业化的"第二条道路",实现了"就地工业化",开辟了农民获取工资性收入的途径。作为中国农民实践的产物,乡镇企业在各地兴起,大批农民在其带动下实现了"离土不离乡、进厂不进城"式的职业分化性质上的就业转变,乡镇企业成为当时农民职业分化的主要载体。据统计[①],我国在1978年已有乡镇企业152.4万多家,吸纳2826.8万农村劳动力,产值占工业总产值的11.6%,乡镇企业加快了农民收入的多样性,在增加农民非农收入方面做出了积极贡献。1979年,《关于加快农业发展若干问题的决定》中明确"国家对社队企业分不同情况实行低税或免税政策";同年,国务院颁发《关于发展社队企业若干问题的规定(试行草案)》,充分肯定了社队企业的作用,并给予扶持政策,营造了适宜社队企业发展的社会经济环境。1984年"中央一号"文件提出,继续兴办社队企业,并鼓励农民个人或联合兴办各类企业和经营、务工等农民自带口粮到城镇落户;同年《关于开创社队企业新局面的报告》中将社队企业更名为乡镇企业,确立了乡镇企业发展的指导方针,乡镇企业从而获得了超常规发展。然而,1989年也曾提出乡镇企业发展应立足农副产品和当地原料加工的要求,但随着1992年邓小平"南方谈话"将乡镇企业看作"建设有中国特色社会主义的三大优势之一"和十四大对发展乡镇企业意义的再次升华,将乡镇企业发展所需资金"应主要靠农民集资筹措"的阴霾一扫而去,乡镇企业再次焕发生机。

(二)收入增长低速徘徊阶段(1991—2003年)

这个时期,农民的工资性收入增长主要通过两种方式予以保障。具体如下:

其一,搭建非农经济持续发展的平台,为农民获取工资性收入创建机

---

① 国家统计局:《中国统计年鉴》(1996),中国统计出版社1997年版,第399—400页。

会。1992年继邓小平南方讲话后，党的十四大决定建立社会主义市场经济体制，进行了国有企业改革，通过改革提升了国有企业的市场竞争能力。同时，确立了坚持不懈搞好乡镇企业的思想；1995年，农业部也制定了《乡镇企业东西合作示范工程方案》；《中华人民共和国乡镇企业法》的通过也营造了乡镇企业改革与发展的良好环境。从而，乡镇企业、外资企业、合资企业进入发展的"黄金期"，为农民的非农化就业创造了机会。

其二，调整二元制度，缓和城乡关系，为农民的职业分化营造友好的软环境。这个时期放宽了城乡之间农民流转限制，使农民从"离土不离乡"为主的分化发展为"离土又离乡"式的职业分化。主要体现在：1993年，《关于建立社会主义市场经济体制若干问题的决定》要求"鼓励和引导农村剩余劳动力逐步向非农产业转移和地区间有序流动"，并引用"劳动力市场"说法，建设规范的劳动力市场并配套相应制度。同年，劳动部文件《农村剩余劳动力跨省区流动有序化工程》要求流入地与流出地要做到劳动力流动的有序化；1994年，劳动部提出完善就业服务体系和建立流动就业证等管理制度；1995年，《关于加强流动人口管理工作的意见》鼓励农村剩余劳动力就地就近有序转移，并要求全国实行统一的流动人口就业证和暂住证管理制度；国发〔1997〕20号文件中规定，农民工在流入地落户后，在入学、就业、粮油供应、社会保障等方面应与流入地的居民享有同等待遇；2000年，中央要求改革城乡分割体制，取消对农民进城就业的不合理限制；2003年，中央文件要求各地搞好农民工进城服务，认真清理限制农民进城务工的不合理规定和乱收费现象，取消企业使用农民工的行政审批和对农民工进城务工就业的工种限制，禁止政府有关部门干涉企业自主合法使用农民工的权利。

（三）农民收入多元增长阶段（2004—2011年）

这个时期是农民职业分化比较旺盛的时期，这与政策软环境密不可分。比如：进入21世纪后，我国在第十个"五年规划"中明确要促进农业劳动力大规模转移，并提出每年800万的转移目标；2003年国办发〔2003〕1号文件认为，农村富余劳动力向非农产业和城镇转移是工业化和现代化的必然趋势；2004年"中央一号"文件首次以中央名义肯定了农民工在社会上的重要地位，认为"进城就业的农民已成为产业工人的重要组成部分"，把农民工纳入到工人范畴，并要求各级政府对进城农民的职业培训、子女教育、劳动保障及其服务和管理经费纳入正常财政预算；《中华人民共和国就业促进法》于2008年1月1日生效，规定农村劳动者进城就业享有与城镇劳动者平等的劳动权，不得对农村劳动者进城就业设置歧视性限制；国办发〔2011〕9号文件要求，认真贯彻有关推进城镇化和户籍管理制度改革的决策部署，积极稳妥推进户籍管理制度改革，探索建立城乡统一的户口登记制度，并实行暂住人口居住证制度；《国家中长期人才发展规划纲要（2010—2020年）》提出"逐步建立城乡统一的户口登记制度"。

（四）农民收入来源分化阶段（2012年至今）

这个时期以支持农民市民化、加快社会现代化与城市化进程为动力，推动农民的工资性收入持续稳定快速的增长。

近年来，我国城市化水平不断提高。2017年年末，城镇常住人口达到8.13亿人，常住人口城镇化率为58.52%，但户籍人口城镇化水平仅为42.35%。应该看到，农民职业分化行为的最终归宿为：其一，不能搞垮农业，而应做强农业；其二，减少农业人口，提高城市化水平。当前，我国常住人口城镇化率快速提高，但伴生户籍城镇化率低的问题，也出现了珍惜农村户籍的现象，其实质是农民职业分化低的表现，与城镇化要求农民职业分化的"彻底化"不符。因此，这个时期在引导农民非农化就业的同时，突出农民市民化的发展归宿，也成为推动农民收入持续增长的保障。

国发〔2014〕25号文件要求，取消农业户口与非农业户口，统一城乡户口登记制度为居民户口，标志着城乡二元户籍制度将退出历史舞台。2016年发布的"十三五"规划纲要明确在未来5年内"推进1亿左右农村转移人口和其他常住人口落户城镇"，规划也要求建立"双挂钩"制度，即财政转移支付同农业转移人口市民化相挂钩，城镇建设用地增加规模同吸纳农业转移人口落户数量相挂钩；并提出维护进城落户农民的"农村三权"(土地承包权、宅基地使用权、集体收益分配权),也支持依法自愿有偿转让;为保证居住证制度的有效性,要求居住证持有人享有居住地的义务教育、公共就业和卫生服务等基本公共服务权利。

第二节 我国农民收入政策演变评价

改革开放以来,我国支持农民收入的政策主要经历了四个阶段,各阶段均取得一定成效,对职业型农民与兼业型农民的收入问题产生了不同的影响,同时也存在一定的问题,有待进一步完善(见表8—8)。主要表现在以下几个阶段:

表8—8 改革开放以来我国农民收入政策演变重点、成效与问题

主要阶段	农业收入净流出阶段	收入增长低速徘徊阶段	农民收入多元增长阶段	农民收入来源分化阶段
时间范畴	1978—1990年	1991—2003年	2004—2011年	2012年至今
主要政策	"两个许可":家庭联产承包责任制度(农业领域);发展乡镇企业(工业领域)	调和城乡关系,放宽农民在城乡之间的流转限制;增强农业生产能力	开启"反哺"时代,建立补贴制度;取消农业税负,结束"皇粮国税"时代;引导农民职业分化,开辟工资性收入途径	农业内:完善补贴机制,鼓励土地流转,推动农业现代化;农业外:支持农民市民化,加快现代化和城市化
收入成效	农业经营性收入主导农民收入	农民收入结构以二元化为主	农民收入多元化,转移性收入快速增长	收入持续快速增长,工资性收入增速更快
主要问题	城乡割裂;剥离农业剩余;阻断城乡流转通道	农民税费负担沉重;对农财政投入严重不足;城乡壁垒未做实质性调整	反哺力度不够;忽视农业生产基础设施投资;未建立起来农民职业分化的配套政策	补贴机制不健全;缺乏职业型农民发展的扶持政策和兼业型农民发展的保障机制;农民市民化保障水平低
主要结论	具有抑制职业型农民与兼业型农民成长的作用	未搭建职业型农民成长的激励机制;开始为兼业型农民的成长创建机会	初步具有了引导农民进行职业分化的政策机制	积极引导农民进行职业分化,促进职业型农民与兼业型农民的发展

资料来源:根据第八章第二节的内容整理与提炼所得。

一 农业收入净流出阶段

（一）主要的收入政策与特征

这个阶段，我国城镇化水平还很低，农业哺育工业发展的计划经济氛围也很浓重。当时农民实现增收主要依靠政府许可并推动的两项由农民创新的生产方式：其一，农业内的"大包干"的土地家庭承包经营制度；其二，农业外的就地转移的工业化道路——发展乡镇企业。一个属于农业领域，一个属于工业领域。后者的发展，吸纳了大量农村劳动力就业。据统计，从1984—1988年，乡镇企业吸纳农村劳动力由5208万人增加到9545万人，年均增加1084万人，年均递增16.4%，全国乡镇企业的职工人数接近全民所有制单位职工9984万人的数量①。乡镇企业的发展作用正如费孝通所指出的："乡镇工业始终以繁荣农村经济为目标，它利用基层的集体经济力量和劳动力资源，从农村'草根'上兴办'草根工业'，没有损害农业和剥夺农民，相反倒促成工农相辅和城乡协作。②"

（二）收入政策的积极成效

20世纪80年代城乡隔离体制虽然较改革开放之前有所松动，然而，总体上还是延续了城乡有别的二元体制，农民收入处于净流出状态。改革开放10多年之后，农民收入也刚达到300元，而同期城镇居民可支配收入已达1373.9元。

从收入视角来看，乡镇企业发展让部分农民获得了工资报酬收入，但这个时期的农业政策让农民收入仍然以农业经营性收入为主体。

（三）收入政策的主要不足与影响

这个时期还存在明显的政策不足的问题。比如：从补贴角度而言，这个时期基本还没有形成对农业的补贴政策，对农的转移性支付主要用于相关人员的工资支付，对农民不具有增收性；农民还承受着工农剪刀差、农

---

① 刘江：《21世纪初的中国农业发展战略》，中国农业出版社2000年版，第592页。
② 费孝通：《江村农民生活及其变迁》，敦煌文艺出版社2004年版，第250页。

业税等沉重负担，体制上还在持续对农业剩余的剥夺机制，农民收入总体处于净流出状态；城乡关系割裂问题突出，阻断了劳动力在城乡之间自由流转的通道；乡镇企业的发展先天不足，比如存在违背工业经济发展的集聚规律，割裂工业化与城市化的内在联系等问题，不具有带动农民工资性收入增长的持续性与稳定性。

总体上，可以认为这个时期的支持农业政策虽然具有一定的保障农民收入的作用，但从职业型农民与兼业型农民的培育与成长上而言，不具有相应的激励作用，倒是抑制作用更明显，以限制农民的职业选择权为特征，将农民主要禁锢在农业与农村领域。

二 收入增长低速徘徊阶段

（一）主要的收入政策与特征

此阶段我国城乡隔离程度有所下降，表现在农民流转政策逐步放宽，推动了农民职业分化从"离土不离乡"到"离土又离乡"的转变。这个阶段农民增收的主要途径来自收入结构的二元化，然而，农业经营性收入仍然是农民收入的主要组成部分，而工资性收入的增长主要依靠宏观政策积极营造非农经济持续发展的制度环境，同时，调整城乡隔离的二元社会制度，调和城乡关系，为农民职业分化培育更友好的软环境，政府也颁发了多个文件来保障增加农业经营性收入政策的落实。

（二）收入政策的积极成效

这个时期我国农民纯收入从708.6元增长到2622.2元，城镇居民可支配收入从1700.6元上升到8472.2元，分别提高了2.70倍、3.98倍，城乡收入比从1991年的2.40∶1到2003年3.23∶1，虽然城乡收入差距有所拉大，然而，农民收入较20世纪80年代有了较大增长。

这个时期农民收入仍然以农业经营性收入为主，工资性收入的增长成为农民收入结构的新变化，收入结构上也出现了多样化，但增长率低，收入以低速徘徊增长为主要表现。

（三）收入政策的主要不足与影响

这个时期对农业领域的财政投入还严重不足；转移性收入和上一阶段

基本变化不大；农民税费负担沉重；城乡隔离政策未做出实质性调整。

在这个时期，农民的税负沉重，生活困难，也基本未搭建激励职业型农民成长的宏观机制。然而，在经济总体发展疲软的宏观形势下，已经开始为兼业型农民的成长创造机会，放宽了农民在城乡之间流转的限制条件，在有条件地逐步放宽农民在城乡之间的以就业为主要目的的流转行为限制。

三 农民收入多元增长阶段

（一）主要的收入政策与特征

这个阶段是我国改革开放以来对农政策的一个重要转折阶段。在我国工业经济得到较好发展的宏观形势下，国家开启了反哺农业时代，切实改善了 21 世纪之初的粮食减产、农民税负沉重、农民收入徘徊等"三农"问题。

这个阶段改善农民收入主要依靠：其一，连续发布的中央一号文件定位"三农问题"，构建支持农业的反哺机制，通过财政转移支付推动农民的转移性收入快速增长；其二，取消农业税，结束了农民承担"皇粮国税"的时代，减轻了农民经营负担，对农业实现了剩余性保护。在以上两个"增量"作用下，农业方面的收入持续增加；其三，农民的职业分化行为。农民的职业分化主要表现为农民工的大规模流转，建立了工资性收入持续增长的可能性。总体上，此阶段的政策特征是以实现城乡一体化的协调发展为目的，调整城市与农村、工业与农业之间的关系。

（二）收入政策的主要成效

本阶段我国对农反哺进程进入加速期，开启了"多予、少取、放活"时代，进入了支持农业、增加农民收入的阶段。这个时期，农民纯收入从 2936.4 元增长到 6977.3 元，年均增长率达到 8.59%，同期，城镇居民可支配收入从 9421.6 元增长到 21809.8 元，城乡收入差距略有缩小，从 3.21∶1 到 3.13∶1。从收入结构来看，这个时期农民收入实现了多元增长，工资性收入、经营性收入、财产性收入和转移性收入较之前都有了更快增长,其中工资性收入和转移性收入的增幅更大。

这个时期的系列政策推动农民的工资性收入从 998.5 元增长到 2963.4 元,超过了 2004 年农民纯收入的总量,工资性收入对农民纯收入的贡献能力从 34% 增长到 42.47%,农民收入出现了多元增长格局。

(三) 收入政策的主要不足与影响

这个时期的政策也存在一些不足,亟须重视,主要包括:对农反哺力度不够;忽视对农业生产基础设施的投资与改善,造成农业生产的基础条件存在诸多弊病;城乡关系虽然做了调整,放宽了城乡之间进行资源流转的限制性政策,但并未建立起来农民职业分化的配套政策。

总体上,这个阶段惠农反哺机制的建立和农业税的取消,具有建构培育职业型农民成长的制度软环境的性质,发挥了激励农业从业者积极生产、提高生产水平的作用;从法律高度与长远规划上逐步塑造的城乡自由流转的就业环境,发挥了带动农民工资性收入增长的积极功效,促进了兼业型农民的成长。这个时期初步具有了引导农民进行职业分化的政策机制,发挥了带动农民收入增长的作用。

四 农民收入来源分化阶段

(一) 主要的收入政策与特征

党的十八大以来,引领农民收入增长的机制主要是农业现代化。在农业现代化的引领下,在农业内部,一方面完善补贴制度,提高转移支付的导向性和生产的可持续性;另一方面鼓励土地承包经营权的合理流转,培育家庭农场、合作经济组织、专业大户等新型农业经营主体,构建农业合作经济和发展农业规模经济,提高农业经营效率,以加速农业现代化进程;在农业外部,调整户籍管理制度,构建城乡一体的管理机制,提高农民职业分化程度和户籍人口城镇化水平,支持农民市民化,加快现代化和城市化的进程。

(二) 收入政策的主要成效

这个时期农民收入延续了前一阶段快速增长的基本趋势,2015 年农村居民人均可支配收入达到 11422 元，比上年增长 8.9%，快于 GDP 增长速度，城乡收入比下降为 2.90∶1，农民工人均月收入 3072 元，比上年增长 7.2%。在农民收入多元化趋势下，从收入结构上看，出现了来源分化现象，逐步开始形成以家庭经营性收入为主的职业型农民收入群体和以工资性收入为主的兼业型农民收入群体。

（三）收入政策的主要不足与影响

尽管这个阶段以城乡协调发展为主线，建立了对农业发展的产业支持政策，农民收入也呈现了较好的增长态势，然而，支农政策还没有形成以农民收入支持为主要特征的政策体系，还存在不足之处，包括：惠农补贴机制不健全，支持力度比较低；缺乏针对职业型农民发展的扶持政策；农业现代化进程缓慢；兼业型农民发展的保障机制未形成；农民市民化的保障水平低；户籍制度改革不彻底等问题，有待于相关政策的进一步调整优化。

总体上，这个阶段对农反哺机制的完善具有建构培育职业型农民成长环境的制度性质；鼓励土地流转也有利于农业现代化的发展，发挥了优化农业资源配置的效应，为职业型农民发展和兼业型农民的放心流转提供了保障；户籍等有利于调和城乡关系的制度调整，打通了兼业型农民在城乡之间自由流转的通道，推动了农民工资性收入的持续稳定增长。因此，这个时期的支农政策体现了积极引导农民进行职业分化的政策机制，也产生了带动农民（无论职业型农民还是兼业型农民）收入增长的作用。

第三节　农民收入政策调整方向与政策建议

不论职业型农民还是兼业型农民，从收入的角度来看都是具有农业经营性收入的农民群体，区别主要在于农业经营性收入比重的高低问题，而获取农业经营性收入的途径主要依靠农业生产。农业生产经营受到自然规律和经济规律的双重约束，具有先天的弱质性与脆弱性，其中，经济问题可以通过经济规律来调节，故解决经济问题需要按照市场原则来进行，而自然规律无法通过市场原则来进行，那么，这需要依靠什么呢？

其一，让需要服从自然规律的生产不存在。不存在农业了，自然不用受制于自然规律了。然而，农业是基础产业，其基础性决定了无论社会发展到多么高的水平，它都不可或缺，具有存在的必然性和必要性。

其二，依靠公共力量来缓解，让受制于自然规律的经济行为具有存在的可能性。那么，社会中最权威的公共力量无怪于代表公众意志的政府，政府掌握着社会公共资源，具有支配公共资源的绝对权。当前，我国农业经营中农产品的价格上限与成本下限之间的距离在缩小的趋势增强，农业本身的利润空间在缩小，还面临农产品价格倒挂与农产品供给侧等问题，维护其发展的方式，离不开政府在公共资源上向其倾斜，这也正是新世纪以来国家增强了农业补贴力度的原因所在。美籍华裔学者黄宗智曾经指出，面对中国社会转型期，政府若能借助法律和市场手段，适当投资农业和扶持农业，可在 10 年内缓解隐性失业，25 年内缓解农业的低收入问题[①]。因此，政策上对待农民收入问题不能仅基于经济角度去考虑，必须坚持政治原则，树立政治视角，持有国家博弈观念，才能确立正确的增加农民收入的维度。这是调整支持农民收入增长政策的前提与基础。

因此，结合前几章对职业分化农民的收入增长分析所得出的启示，以及本章政策评析的结论，可提出如下政策建议，亦是调整优化支持农民收入增长政策的方向。

一 侧重支持职业型农民收入政策调整与政策建议

（一）坚持完善补贴制度

在入世谈判中，我国承诺的微量允许标准为 8.5%，而不是发展中国家普遍享受的 10%，在超过微量允许标准以上的黄箱政策基数为零，并且不能享受发展中国家的 3 项特殊减免待遇。因此，根据 WTO 规则和我国入世谈判中所作出的承诺，我国在国内支持方面可以享受的权利主要有绿箱政策、不超过微量允许标准 8.5% 的黄箱政策和蓝箱政策几类，此框架是

---

① 黄宗智：《三大历史性变迁的交汇与中国小规模农业的前景》，《中国社会科学》2007 年第 4 期。

我国农业补贴政策的主要活动空间，因此，我国必须更好地树立任何时候都不能忽视农业、忘记农民、淡漠农村的观念，必须始终坚持强农惠农富农政策不减弱。同时，实现"反哺"农业的方式一定要科学化、合理化与国际化，否则难以保证反哺成效的实现。

我国应该在现有的 7 大类 48 个补贴项目①的基本机制下不断地创新补贴方式，完善补贴制度，提高补贴的精准性和目的性，优化农产品价格形成机制，提高农产品的供给能力与供给结构，并适应国际规则，侧重对职业型农民的补贴力度和扶持能力，凸显引领农产品可持续发展潜力和粮食供给安全性与稳定性的导向作用。当然，这种健全与完善的步伐将需要一个较长的过程，且需要结合国内外的情况进行适时调整，这种持续不仅仅是保证农民收入增长的要求，也是接近 14 亿人口大国增强农业发展能力中不可绕过的发展门槛问题。

（二）合理引导土地流转

土地适度流转是农业现代化的需要，也是培育农业新型经营主体，推动农业走合作化道路的条件，关键在于实现土地经营权的合理化、规模化的流转。应该说，土地经营权的流转问题是家庭承包经营制度确立以来就一直备受关注的问题，尽管 1984 年"中央一号"文件严格限制土地流转范围在农业经营领域，也提出了转入户对转出户给予口粮补助的要求，然而，就曾经为农民流转土地经营权留过"口子"②。其实，土地流转是农业资源流转的主要组成部分，也一直伴随在农业生产经营过程中，更是农业适度规模经营的前提，是农业生产经营等环节提高现代技术投入水平的内在要求，这也正是在增加农民收入政策中总是伴随土地制度创新的原因所在。因此，处理好农民和土地的关系将成为我国农业现代化的内在要求，只有家庭承包经营体制与实现形式真正建立起来解放、发展、保护和共享生产力的机制，才能成为农业现代化进程的助推器和农民收入尤其职业型农民收入持续稳定增长的保证。

---

① 从前面的论述而得，详见表 8—6。
② 详见《关于一九八四年农村工作的通知》（1984 年一号文件）。

另外，尽管土地流转有助于职业型农民的发展，然而，职业型农民不可能将其经营规模做得太大。在土地资源分配方面（指流转中的市场分配），不易过度向少数农民手中集中较大规模的土地，这与我国当前城镇化的发展水平，即城市对转移农业人口的接纳能力与社会承载能力都有关系。

当前，我国近8亿的农业人口数量绝对不可罔顾，土地规模水平的提高程度应该与城镇化水平对农业转出人口的接纳能力成正比关系，否则，必将人为导致大量的农业人口失地而无业。而当前的土地租金收入（我国作为耕地稀缺的国家，人均耕地占有量少）根本不可能满足他们"被迫闲暇"的生活开支，势必将会出现农业经营中一味追求效率而忽视公平的现象，出现社会管理问题。故在鼓励土地流转中，在强调农民要掌握土地承包权的同时，也要谨防土地经营权流入到少数农民手中，更要防范人为"垒大户"的政府行为，注意经营规模的适度性，建立公平与效率的合理关系。

总之，从国情而言，在一个较长的时期内，以提高单位土地经营效率为目的的小规模的土地家庭经营仍然是主体，规模经营农户仍然不能成为农业的主流。认清这一点是谨防土地流转政策出现"冒进"，甚至"大跃进"的基本保障。

（三）切实推进农业现代化

农业现代化是社会现代化的需要，更是农业发展的未来和出路。我国农业发展的现代化定位，是带动职业型农民收入持续快速增长的基础和保证，是职业型农民行业发展前景的源泉。同时，也是做强做大兼业型农民队伍，直至部分农民逐步实现市民化的重要保障。

二 侧重支持兼业型农民收入政策调整与政策建议

（一）重视提高综合素质

农民是我国的多数群体，也是社会的主要生产阶层，而我国农民不论是从受教育程度，还是所掌握的技术水平，尤其综合素质，与社会其他阶层都存在着一定的差距，是整体素质水平较低的社会阶层之一；即使从基本的身体健康状况上看，由于他们的生存环境、医疗条件，包括工作性质等因素的作用，很多病痛也常伴其身，影响基本健康状况。前面的分析，特别是实证分析部分也显示出，素质因素对收入的影响作用显著，而以工资性收入为主要收入渠道的兼业型农民，其素质在收入中的作用更加突出。这提示我们，今后的政策必须重视提高农民素质。

其一，注重文化水平提升。教育是提高素质的基本手段，抓农村基层教育，将九年义务教育落到实处，适时推进高中阶段教育，是提高广大农民的基本素质，尤其是他们后代的未来发展能力与发展空间的基本保证。

其二，加强职业技能教育。职业教育是基本教育的重要补充，是更能突出他们的实际操作技能的一种教育方式，是具有岗位培训性质的一种教育形式。因此，应结合本地的产业特点，建立相应的培训机构，制定规范的培训制度，组织相应的操作技术与技能素质的培训。同时，以县为单位建立具有职业技能性质的学校，作为中等职业技能学历教育机构的同时，承担起当地兼业型农民的非农技能培训任务。

其三，提高农村合作医疗质量。农村合作医疗制度是具有广覆盖的一种农村医疗方式，关系到广大农民的身体健康状况。应该逐步提高补贴幅度，加大政府转移能力和提高合作水平，提高医疗覆盖面和从业人员的基本素质水平，做到小病及时治，避免积轻累重，一病返困。

（二）加快消除城乡壁垒

城乡壁垒政策是二元社会的重要特征，是因长期的二元体制形成的。当前的政策在逐步降解城乡二元性，为实现农民彻底的跨产业的职业分化而抚平道路，比如：户籍制度改革、务工农民的子女受教育问题以及相关的社会保障等。然而，这个过程将受到多种因素的制约，要想让当前长期在城市工作的兼业型农民安心工作、放心转移，还需要彻底改革相关制度，比如：户籍制度背后的利益问题，切实让进城农民与城镇居民一样享受同等权利。所以，在侧重支持兼业型农民收入增长的政策调整中，必须以消除城乡之间现存的歧视性政策为手段，弱化城乡在政策层面的不公平，形成友好的城市接纳软环境，更进一步的增强城市的吸引力而弱化排斥力。

然而，由于城乡二元体制是长期积淀的结果，故其消除的道路也会很长，需要以政府的行政行为为主导，进行持续发力才能实现，尤其对于涉及既得利益的改革时，将会面临很大的阻力。既需要循序渐进，更需要持之以恒。

（三）合理引导兼业型农民市民化

兼业型农民是将被作为市民化的对象群体，这一过程将是一项长期性的工程，更是一项具有特殊意义的工程。胡鞍钢教授就曾如此评价，农民工问题的最终解决是需要让他们真正成为市民和真正意义上的公民，这是我国继土地改革、"大包干"后农民的"第三次解放"①。我国对农民获取工资性收入的政策经历了多个时期：最初，严格禁止农民在城乡之间的自由流转；之后，首先乡镇企业承担起实现部分农民非农性收入增长的责任；然后，"离土离乡"式非农化务工行为带动了工资性收入的增长；近几年，国家积极营造有利于农民工流转的制度软环境；当前，更提出了加快农民工市民化进程的政策导向；在我国的"十三五"规划中，更是明确在"十三五"末实现1亿人口的户籍城镇化的任务。可见，市民化是我国兼业型农民发展的未来归宿，是其收入持续增长的重要保障。也是直接关系到农业现代化的问题，因为没有农民大量走出农村，就难以实现土地规模化流转和提高农业经营优势。所以，无论是对农业发展还是城镇化水平来说，推进兼业型农民的市民化都将是一个较长时间内的政策重点。

然而，同时要清醒地认识到，我国的兼业型农民将会长期存在，这意味着至少包括三层含义：

其一，兼业型农民的市民化是其出路之一，但从总体而言，将会经历一个漫长的过程；

其二，即使经历了漫长的市民化道路，也仅是部分农民的最终选择；

其三，在农业与非农业之间进行兼业的农民将会长期存在。这种现象是农民适应农业生产的季节性特征与经济理性的决策行为，是个人因素、

---

① 胡鞍钢：《解决农民工问题是我国农民的第三次解放》，《外滩画报》2005年第3期。

政策因素和社会因素等方面综合作用的结果，仅靠政策是不可能完全解决的。

故在兼业型农民的市民化进程中必须以积极引导为主要导向，以营造优质的软环境为手段，以农民自愿选择、自主决策为归宿，让市民化的道路适应社会、适应经济，也适应个体。换言之，对兼业型农民的市民化切勿定目标、定数量、定规模，以免将农民自主选择行为演变为政府强制行动。

第四节　本章小结

基于政策对职业分化和农民收入的重要影响作用，本章主要评析了改革开放以来我国农民收入支持政策，目的在于从政策角度分析职业型农民与兼业型农民的收入增长问题，并形成政策建议。

本章首先从农业收入净流出阶段、收入增长低速徘徊阶段、农民收入多元增长阶段、农民收入来源分化阶段四个时期，对我国改革开放以来侧重支持职业型农民收入政策的演变和侧重支持兼业型农民收入政策的演变进行梳理，揭示出政策重点、收入成效及其对不同类型农民的影响，以及政策在各阶段所存在的不足。其次通过以上分析，提出了支持农民收入政策调整方向应以坚持农民收入是政治问题而非单单经济问题的高度，并以职业分化为视角区分职业型农民与兼业型农民。最后提出了政策建议与政策调整方向，强调支持政策应有所侧重。

在侧重职业型农民的政策调整方向上应坚持完善补贴制度、合理引导土地流转和切实推进农业现代化；而在侧重兼业型农民的政策调整方向上应重视提高综合素质、加快消除城乡壁垒和合理引导兼业型农民市民化。

第九章
主要结论与研究展望

第一节 主要结论

1. 改革开放以来农民收入变动状况

改革开放以来,我国农民收入实现了持续快速地增长,但存在收入的内部分化现象,收入结构也在变化,地区差异明显;随着农民职业分化,工资性收入成为农民增加收入的一条重要渠道,且具有增长空间。当前我国农民收入具有由净流出转向流入状态、由低速平稳转向高速波动增长、由一元驱动转向多元增长的收入变动特征,显示出农民收入与职业选择之间具有关联性。

2. 农民收入与职业分化的基本关系

农民职业分化主要表现为从第一产业到二、三产业的就业领域变化,是遵循经济发展基本规律在进行,体现了生产力对生产关系的逐步调节的过程。当前,农民职业分化行为存在择业观念的代际差异;职业非农化的农民数量增多;高素质农民引领分化进程;从外出地而言,农民工外出务工的选择地在变化,更侧重在省内选择非农工作;然而,职业非农化农民的就业领域集中。经灰色关联分析,说明职业分化与农民收入之间具有高度相关性,与预期一致,即农民职业分化行为必然对其收入产生影响,引起家庭收入结构,尤其家庭主要收入来源的变化。因此,分析农民收入问题应该结合其家庭主要职业选择情况进行分类分析,才能更好地揭示农民收入问题。

3. 职业型农民与兼业型农民收入增长分析的结论

职业型农民以农业经营性收入为主要收入,他们是未来农业的实际经营者和美丽乡村的建设者。其收入是其经营管理农业的成效体现,将既影响再生产,也影响其消费行为,也是社会收入公平程度的体现方式之一。吉林省具有职业型农民收入的区域优势度,且兼业指数高,吉林省中部地区更具职业型农民收入增长潜力。

兼业型农民以工资性收入为主要收入,他们是城镇非农岗位所需劳动力的储备者和应以市民化为发展取向的农民群体,工资性收入对其发展至关重要,是可否坚持非农工作的重要尺度和离农选择的重要衡量指标。吉林省兼业型农民的兼业指数高但有下降趋势,且区域优势度弱,但是,其财产性收入水平和总收入的平均水平均高于职业型农民。

4. 农民收入增长影响因素的实证分析结论

借鉴已有成果的分析经验,选取 Mincer 劳动挣得收入函数作为分析模型,并在理论分析基础上,根据模型内涵分别选取了职业型农民与兼业型农民收入增长的影响因素,建立了自变量组,以 Eviews 8.0 为分析软件做了实证分析。结果显示:(1)不论职业型农民还是兼业型农民,影响其收入的因素都是多方面的,具有系统性,其中影响职业型农民收入增长的主要因素包括:身体状况、文化程度、性别、年龄、土地流转、作物种植品种、经营成本、灌溉设施及粮价预期、保护性生产投资意愿和规模经营认知等;影响兼业型农民收入增长的主要因素包括年龄、身体状况、文化程度、务工地、务工信息渠道、加班情况、岗位培训、城里定居规划、技术资质等因素。故对农民收入问题的分析,不论是职业型农民还是兼业型农民,都应具有全局观和系统观。(2)对两类农民收入增长分析结论的对比得出:相同方面主要体现在身体健康状况、心理预期性变量、宏观政策因素及收入基本构成情况;分析结论的相异方面主要体现在:年龄、文化显著水平的变化、婚姻变量、主要收入来源影响因素及财产性收入与补贴性收入的贡献能力等方面。分析结论也显示出多种因素与预期存在一定的差异,主要表现在农业保险购买、结构单一的玉米种植问题、经营成本对收入的作用及普遍接受加班的经济理性选择行为、省外务工选择等方面。

分析结论提示：其一，增强政策精准度，提高政策导向性与区分度。比如：惠农反哺政策更应强调以职业型农民为政策对象，减少政策不稳定、不准确、不明晰等问题；其二，加大对农民收入增长的支持力度。比如提高补贴力度，从根本上扭转"以农养农""以农养工"的问题，务必全面落实强农惠农富农政策；其三，重视引导农民发展，促进农业人口的合理分流，即支持农民的职业分化，一方面建立起来培育农业生产经营队伍的机制，构建职业型农民的新型队伍；另一方面深化兼业型农民的职业分化水平，增强非农工作的持续性与稳定性，构建保障其分化的制度软环境，减少分化过程的后顾之忧。然而，勿搞"一刀切"，要本着为了农民、依靠农民、尊重农民的基本原则，拓宽家庭发展空间，走稳健的分化道路。

5. 农民收入支持政策评析及政策建议

主要从侧重职业型农民收入政策与侧重兼业型农民收入政策两方面，回顾了改革开放以来我国的农民收入支持政策的调整过程，揭示了收入支持政策在农业收入净流出阶段、收入增长低速徘徊阶段、农民收入多元增长阶段和农民收入来源分化阶段等主要时期的政策主张与特征、政策成效。可见，政策在逐步移除城乡隔离的屏障，推进城乡协调发展的深度，推动了农民收入持续稳定增长。然而，各阶段都存在一定的政策不足，值得重视，也有待调整完善，这样才能更好地推动农民职业分化进程并带动农民收入持续增长。

总体上，我国农民收入支持政策在调整中应树立农民收入是政治问题而非单单经济问题的意识，并使政策方向有所侧重。在侧重职业型农民政策上应坚持完善补贴制度、合理引导土地流转和切实推进农业现代化；而在侧重兼业型农民的政策上应重视提高综合素质、加快消除城乡壁垒和合理引导兼业型农民的市民化。这与对农民收入增长影响因素的实证分析中所得出的政策启示具有一致性。

第二节 研究展望

农民收入问题长期得到关注，是"三农"问题的核心，也是解决"三农"问题的抓手，具有系统性、长期性和复杂性，当此问题与农民职业分化结合后，更增加了其多样性，尤其，农民职业分化不仅受其主观能动性与素质制约，更受制于整个社会的宏观经济发展形势和政策机制，且将在一个较长的时间内持续存在，也将会在波动中趋于深化。本书主要以收入为尺度，基于主要收入原则，进行了职业型农民及其收入增长和兼业型农民及其收入增长的分析，且主要以吉林省调查的横截面数据为依托进行分析，故本书是一次将职业分化与农民收入相结合的研究尝试。但因本人研究能力和时间上的限制，以及数据获取方面的困难和对数据处理上的限制，职业分化下的农民收入问题还有如下几方面值得研究，这几方面将作为下一步的完善之处与努力方向。

首先，随着农民职业分化的加深，农户家庭收入结构将会发生变化，工资报酬收入将会增加，将会出现部分户籍身份尚属于农民，但家庭收入根本不再包括农业经营性收入的群体。这部分家庭收入的状况、增长能力及其收入稳定性等问题的社会意义也很显著，值得研究。

其次，收入将受到多重因素影响，同时，当前的农民职业分化具有不稳定性，意味着家庭收入将自然存在波动性，尤其是年际之间可能发生变动。对一个具体家庭而言，也可能在职业型农民与兼业型农民之间变动，因此，增加时间变量，或许能增强分析结论的准确性与稳定性。

最后，本书选取的样本点是欠发达地区的一个粮食主产省份，更利于区分职业型农民与兼业型农民，对粮食主产区农民在职业分化下的收入变化具有一定的代表性。同时也具有地域性，故合理增加样本点，扩大调查范围，有助于提高结论的普适性。

参考文献

一 学术著作

《马克思恩格斯全集》第十一卷，人民出版社1979年版。

《现代汉语词典》修订本，商务印书馆2000年版。

辞海编辑委员会：《辞海》，上海辞书出版社1979年版。

费孝通：《江村农民生活及其变迁》，敦煌文艺出版社2004年版。

程国强：《重塑边界：中国粮食安全新战略》，经济科学出版社2013年版。

葛志华：《为中国"三农"求解——转型中的农村社会》，江苏人民出版社2004年版。

国家统计局：《中国统计年鉴》，中国统计出版社1997年版。

黄宗智：《长江三角洲小农家庭与乡村发展》，中华书局2000年版。

林而达：《气候变化与农业可持续发展》，北京出版社2011年版。

刘江：《21世纪初的中国农业发展战略》，中国农业出版社2000年版。

牛若峰：《中国的"三农"问题：回顾与展望》，中国社会科学出版社2004年版。

秦晖、苏文：《田园诗与狂想曲：关中模式与前近代社会的再认识》，中央编译出版社1996年版。

饶旭鹏：《农户经济论——基于西北乔村的研究》，人民出版社2013年版。

孙久文、叶裕民：《区域经济学教程》（第二版），中国人民大学出版社2010年版。

王亚南：《资产阶级古典政治经济学选辑》，商务印书馆1979年版。

叶彩霞：《农民收入与消费研究——基于来源变动及其影响的视角》，经济管理出版社2013年版。

［美］西蒙·库兹涅茨：《各国的经济增长》，常勋等译，商务印书馆1985年版。

［法］H. 孟德拉斯：《农民的终结》，李培林译，社会科学文献出版社2010年版。

［美］埃弗里特·M. 罗吉斯、［美］拉伯尔·J. 伯德格：《乡村社会变迁》，王晓毅等译，浙江人民出版社1988年版。

［俄］A. 恰亚诺夫：《农民经济组织》，萧正红译，中央编译出版社1996年版。

［美］西奥多·W. 舒尔茨：《改造传统农业》，梁小民译，商务印书馆1999年版。

［美］H. 钱纳里、S. 鲁宾逊、M. 赛尔奎因：《工业化和经济增长的比较研究》，吴奇等译，上海三联书店1989年版。

［美］阿历克斯·英格尔斯：《人的现代化》，殷陆君译，四川人民出版社1985年版。

二　学术期刊

曾令秋：《浅析农民收入结构与农民增收》，《生产力研究》2007年第3期。

陈浩、陈雪春、谢勇：《城镇化进程中失地农民职业分化及其影响因素研究》，《中国人口·资源与环境》2013年第6期。

陈会广、张耀宇：《农村妇女职业分化对家庭土地流转意愿的影响研究——基于妇女留守务农与外出务工的比较》，《南京农业大学学报》（社会科学版）2014年第4期。

陈利、朱喜钢：《基于空间计量的经济集聚对农民收入的影响效应——以云南省为例》,《农业技术经济》2015 年第 10 期。

陈垚、杜兴端:《城镇化发展对农民收入增长的影响研究》,《经济问题探索》2014 年第 12 期。

程国栋:《我国农民的财产性收入问题研究》,博士学位论文,福建师范大学,2005 年。

邓宏亮:《财政支农、农业信贷与农民收入效应关系的实证分析——以江西省为例》,《广东商学院学报》2013 年第 1 期。

邓英淘:《耗散结构理论与产业结构的演化》,《北京轻工业学院学报》1985 年第 2 期。

董良:《教育、工作经验与家庭背景对居民收入的影响——对明瑟方程和"布劳—邓肯"模型的综合》,《中国社会科学院研究生院学报》2016 年第 7 期。

董婉璐、杨军、程申等:《美国农业保险和农产品期货对农民收入的保障作用——以 2012 年美国玉米遭受旱灾为例》,《中国农村经济》2014 年第 9 期。

杜华章:《城市化进程对农民收入及结构的影响分析——以江苏省为例》,《山西农业大学学报》(社会科学版) 2011 年第 11 期。

樊丽淑:《中国经济转型期地区间农民收入差异研究——变动趋势、成因及其适度性》,博士学位论文,浙江大学,2004 年。

葛晓鳞、郭海昕:《影响农村消费的收入结构效应分析》,《湖南大学学报》(自然科学版) 2010 年第 6 期。

龚斌磊、郭红东、唐颖:《影响农民工务工收入的因素分析——基于浙江省杭州市部分农民工的调查》,《中国农村经济》2010 年第 9 期。

顾莉丽、郭庆海:《玉米收储政策改革及其效应分析》,《农业经济问题》2017 年第 7 期。

关浩杰:《收入结构视角下我国农民收入问题研究》,博士学位论文,首都经济贸易大学,2013 年。

郭丛斌:《二元制劳动力市场分割理论在中国的验证》,《清华大学教育研究》2004 年第 4 期。

郭庆海、李军国、刘乃季：《吉林省效益农业发展途径研究》，《社会科学战线》2001年第1期。

郭庆海：《产量大省的困境与出路》，《农业经济问题》1991年第6期。

郭庆海：《我国粮食产销格局现状评价与前瞻》，《农业经济问题》1997年第11期。

郭庆海：《我国农村家庭经营的分化与发展》，《农业经济问题》2000年第5期。

国家统计局：《中华人民共和国2017年国民经济和社会发展统计公报》，2018年2月，中国统计局官网（http://www.stats.gov.cn/tjsj/zxfb/201802/t20180228_1585631.html）。

何宜强：《江西省农民收入结构及地区差异分析》，《江西财经大学学报》2008年第6期。

胡鞍钢：《解决农民工问题是我国农民的第三次解放》，《外滩画报》2005年第3期。

胡帮勇、张兵：《农村金融发展对农民增收的支持效应分析——基于收入结构的视角》，《经济与管理研究》2012年第10期。

黄宗智：《三大历史性变迁的交汇与中国小规模农业的前景》，《中国社会科学》2007年第4期。

吉林省统计局：《吉林省2017年国民经济和社会发展统计公报》，2018年3月，吉林省统计局官网（http://tjj.jl.gov.cn/tjgb/ndgb/201803/t20180328_3740524.html）。

纪晓岚、程秋萍：《职业分化视角下"有地居民"的身份认同——基于NL村的调研》，《理论月刊》2015年第12期。

姜会明、孙雨、王健等：《中国农民收入区域差异及影响因素分析》，《地理科学》2017年第10期。

姜会明：《吉林省农产品加工业发展研究》，博士学位论文，吉林农业大学，2005年。

姜天龙、郭庆海：《农户收入结构支撑下的种粮积极性及可持续性分析——以吉林省为例》，《农业经济问题》2012年第6期。

姜天龙、郭庆海：《玉米目标价格改革：难点及其路径选择》，《农村经济》2017年第6期。

金晓彤、杨潇：《新生代农民工与同龄城市青年发展型消费的比较分析》，《中国农村经济》2016年第2期。

柯丽菲、黄远仪、何国煜：《团队组织公民行为与工作特征、绩效关系实证研究》，《财经问题研究》2008年第4期。

李宾、马九杰：《教育年限和工作经验对偏远山区农村外出劳动力工资水平的影响——基于鄂渝两地数据》，《农业技术经济》2014年第10期。

李德伟：《中国将迎来劳动力供给的"刘易斯转折点"吗？》，《理论前沿》2008年第12期。

李国柱：《中国经济增长与环境协调发展的计量分析》，博士学位论文，辽宁大学，2007年。

李娟：《工业化进程中农民收入的决定因素分析——基于湖南600农户的问卷调查》，《求索》2013年第2期。

李宪宝、高强：《行为逻辑、分化结果与发展前景——对1978年以来我国农户分化行为的考察》，《农业经济问题》2013年第2期。

李逸波、彭建强：《农民职业分化的微观影响因素实证分析——基于分化程度与城乡选择的二重角度》，《中国农村观察》2014年第3期。

李逸波：《现代化进程中的农民职业分化研究》，博士学位论文，河北农业大学，2013年。

李颖晖：《殊途异路：青年农转非群体的职业分化与市民化差异——基于"选择性"与"政策性"农转非的比较分析》，《中国青年研究》2014年第10期。

林秀梅、刘玉玲、何英凯：《我国农民收入结构及收入增长状况分析》，《税务与经济》（长春税务学院学报）2002年第6期。

刘洪仁：《我国农民分化问题研究》，博士学位论文，山东农业大学，2006年，第105—106页。

刘玲：《拉康欲望理论阐释》，《学术论坛》2008年第5期。

刘乃安：《构建我国新型农村土地家庭经营体制与实现形式》，《当代经济研究》2017年第8期。

刘英杰、刘家益、李丹：《我国农民收入增长的政策效应与发展走向分析》，《农业经济与管理》2012年第4期。

陆福营：《转型时期的大陆农民分化——以浙江四个村为典型案例分析》，《中国社会科学季刊》（香港），2000年春季卷。

陆学艺：《重新认识农民问题——十年来中国农民的变化》，《社会学研究》1989年第6期。

罗东、矫健：《国家财政支农资金对农民收入影响实证研究》，《农业经济问题》2014年第12期。

马九杰：《农业、农村产业结构调整与农民收入差距变大》，《改革》2001年第6期。

马凌、朱丽莉、彭小智：《江苏省农民收入结构的演变、成因与优化对策》，《华东经济管理》2011年第12期。

孟俊杰：《北京郊区农民增收问题研究》，博士学位论文，中国农业科学院，2009年。

钱龙、钱文荣、陈方丽：《农户分化、产权预期与宅基地流转——温州试验区的调查与实证》，《中国土地科学》2015年第9期。

钱忠好：《非农就业是否必然导致农地流转——基于家庭内部分工的理论分析及其对中国农户兼业化的解释》，《中国农村经济》2008年第10期。

卿石松：《工作特征对性别工资差距的作用》，《经济评论》2011年第6期。

苏植权、冯杰：《广东农民收入增长现状、问题及成因分析》，《广东农业科学》2012年第19期。

孙华臣、王晓霞：《中国农民收入结构的变迁及影响因素分析（1987—2006）》，《财经研究》2008年第3期。

孙慧钧：《我国农村区域间收入差距构成的实证分析》，《统计研究》2007年第11期。

汤鹏主：《建国60年农民收入增长的历史轨迹》，《求索》2013年第

5 期。

万年庆、李红忠、史本林：《基于偏离—份额法的我国农民收入结构演进的省际比较》，《地理研究》2012 年第 4 期。

王宏英、赵志桥：《西北地区农民职业分化的现状与趋势》，《甘肃理论学刊》2013 年第 6 期。

王丽双、王春平、孙占祥：《农户分化对农地承包经营权退出意愿的影响研究》，《中国土地科学》2015 年第 9 期。

王鹏飞、彭虎锋：《城镇化发展影响农民收入的传导路径及区域性差异分析——基于协整的面板模型》，《农业技术经济》2013 年第 10 期。

王作成：《省际农民收入结构差异比较分析》，《农业经济问题》1995 年第 4 期。

温涛、田纪华、王小华：《农民收入结构对消费结构的总体影响与区域差异研究》，《中国软科学》2013 年第 3 期。

吴振鹏、胡艳：《财政支农支出与农民收入关系的实证研究》，《江汉论坛》2013 年第 1 期。

许天骆：《从吉林省农民收入结构的嬗变看我国粮食主产区农民增收致富的新路径》，《农村经济》2012 年第 1 期。

杨小玲：《农村金融发展与农民收入结构的实证研究》，《经济问题探索》2009 年第 12 期。

叶彩霞、李晓庆、胡志丽：《我国农民收入结构影响因素研究——基于城市化的实证分析》，《价格理论与实践》2010 年第 7 期。

叶彩霞、施国庆、陈绍军：《地区差异对农民收入结构影响的实证分析》，《经济问题》2010 年第 10 期。

叶彩霞、徐霞、胡志丽：《城市化进程对农民收入结构的影响分析》，《城市发展研究》2010 年第 10 期。

余长坤、宋文博、吴次芳等：《河南省农用地集约利用对农民收入影响实证研究（1978—2012）》，《经济地理》2014 年第 5 期。

岳昌君：《教育对个人收入差异的影响》，《经济学》2004 年第 10 期。

张车伟、王德文：《农民收入问题性质的根本转变——分地区对农民收入结构和增长变化的考察》,《中国农村观察》2004 年第 1 期。

张凤龙、臧良:《农民收入结构变化研究》,《经济纵横》2007 年第 7 期。

张红宇、张海阳、李伟毅等:《当前农民增收形势分析与对策思路》,《农业经济问题》2013 年第 4 期。

张立超、翟印礼:《我国农业投入产出的关系研究》,《统计与决策》2010 年第 14 期。

张茗朝:《吉林省农民收入结构问题研究》,博士学位论文,吉林农业大学,2016 年。

张淑萍:《我国粮食增产与农民增收协同的制度研究》,博士学位论文,中共中央党校,2011 年。

张文礼、刘海兵:《建立财政政策支持的农民增收长效机制》,《农业技术经济》2008 年第 2 期。

张新光:《农业发展与工业化、城市化进程相伴而生》,《农民日报》2008 年 6 月 25 日第 3 版。

赵翠霞、李岩、兰庆高:《城郊失地农民收入"极化"及深层原因分析》,《农村经济》2015 年第 4 期。

中央政府门户网站:《吉林省人民政府关于进一步做好为农民工服务工作的实施意见》,2015 年 7 月,中华人民共和国中央人民政府官网(http://www.gov.cn/zhengce/2015-07/23/content_5046643.htm)。

钟钰、蓝海涛:《中高收入阶段农民增收的国际经验及中国农民增收趋势》,《农业经济问题》2012 年第 1 期。

周波、于冷:《农业技术应用对农户收入的影响——以江西跟踪观察农户为例》,《中国农村经济》2011 年第 1 期。

周其仁、高山:《农村分工分业中新经营项目和产业的形成》,《农业经济丛刊》1983 年第 6 期。

三 英文文献

Kym Anderson, Jikun Huang & Elena Ianchovichina, "Will China's WTO

Accession Worsen Farm Household Incomes?", *China Economic Review*, Vol. 15, No. 4, 2004.

Biman C. Prasad, "The Woes of Economic Reform: Poverty and Income Inequality in Fiji", *International Journal of Social Economics*, Vol. 25, No. 6, 1998.

Fang Cai, Dewen Wang and Yang Du, "Regional Disparity and Economic Growth in China: The Impact of Labor Market Distortiona", *China Economic Review*, Vol. 13, No. 2 - 3, 2002.

Pierre-André Chiappori, "Rational Household Labor Supply", *Econometrica*, Vol. 56, No. 1, 1988.

Mathijs, E. & Noev, N., "Subsistence Faring in Central and Eastern Europe: Empirical Evidence from Albania, Bulgaria, Hungary, and Romania", *Eastern European Economics*, Vol. 42, No. 6, 2004.

B. F. Kiker and Maria C. SanTost, "Human Capital and Earnings in Portugal", *Economics of Education Review*, Vol. 10, No. 3, 1991.

Andrew G. Walder, "Income Determination and Market Opportunity in Rural China: 1978 - 1996", *Journal of Comparative Economics*, Vol. 30, No. 2, 2002.

Björn Gustafssona, Li Shi, "Income Inequality Within and Across Counties in Rural China 1988 and 1995", *Journal of Development Economics*, Vol. 69, No. 1, 2002.

Binswanger H, *The Policy Response of Agriculture*, Proceedings of the World Bank Annual Conference on Development Economic, Washington: Washington D. C., 1989.

Nico Heerink, Marijke Kuiper & Xiaoping Shi, "China's New Rural Income Support Policy: Impacts on Grain Production and Rural Income Inequality", *China&World Economy*, Vol. 14, No. 6, 2006.

Frederick Herzberg, "One More Time: How Do You Motivate Employees?", *Harvard Business Review*, Vol. 63, No. 6, 1985.

Hackman JR, Lawler E E, "Employees Reactions to Job Characteristics",

Journal of Applied Psychology, Vol. 55, No. 3, 1971.

Iddo Kan, Ayal Kimhi & Zvi Lerman, "Farm Output, Non-farm Income and Commercialization in Rural Georgia", *Agricultural and Development Economic*, Vol. 3, No. 2, 2006.

Simon Kuznets, "Economic Growth and Income Inequality", *The American Economic Review*, Vol. 45, No. 1, 1955.

Lin E. D., Xiong W., Ju H., etal, "Climate Change Impacts on Crop Yield and Quality with CO_2 Fertilization in China", *Philos. T. Roy. Soc. B*, Vol. 360, No. 1463, 2005.

Friedman M., "Choice, Chance, and the Personal Distribution of Income", *Journal of Political Economics*, Vol. 61, No. 4, 1953.

Todaro, M. P., "A Model of Labor Migration and Urban Unemployment in Less Developed Countries", *The American Economic Review*, Vol. 59, No. 1, 1969.

R. M. Sundrum, "Income Distribution in Less Developed Countries", *Economic Development and Cultural Change*, Vol. 40, No. 4, 1992.

M. Marrit Van den Berg, Huib Hengsdijk, etal, "The Impact of Increasing Farm Size and Mechanization on Rural Income and Rice Production in Zhejiang Province", *Agricultural Systems*, Vol. 94, No. 3, 2007.

Dragn Miljkovic & Hyun J. Lin & Rodneypaul, "The Role of Productivity Growth and Farmer's Income Protection Policies in the Decline of Relative Farm Prices in the United States", *Journal of Policy Modeling*, Vol. 30, No. 5, 2008.

Ryoshin Minami, "Economic Development and Income Distribution in Japan: an Assessment of the Kuznets Hypothesis", *Cambridge Journal of Economics*, Vol. 22, No. 1, 1998.

Peters P., "Rural Income and Poverty in a Time of Radical Change in Malawi", *Journal of Development Studies*, Vol. 42, No. 2, 2006.

Azizur Rahman Khan and Carl Riskin, *Inequality and Poverty in China in the Age of Globalization*, Oxford: Oxford University Press, 2001.

Thomas Reardon, "Using Evidence of Household Income Diversification to

Inform Study of the Rural Nonfarm Labor Market in Africa", *World Development*, Vol. 25, No. 5, 1997.

Jame Sang, "Household Saving Behavior in an Extended Life Cycle Model: A Comparative Study of China and India", *Journal of Development Studies*, Vol. 45, No. 8, 2009.

Terry Sicular, YueXiming, Gustafsson B, etal, "The Urban-rural Income Gap and Inequality in China", *Review of Income and Wealth*, Vol. 53, No. 1, 2007.

Schultz Theodoer W., "Investing in Poor People: An Economist's View", *American Economic Review*, Vol. 55, No. 1 – 2, 1965.

Schultz, Theodoer W., *Investment in Human Capital: The Role of Education and of Research*, New York: Free Press, 1970.

Lewis, W. A., "Economic Development with Unlimited Supplies of Labor", *The Manchester School*, Vol. 22, No. 2, 1954.

John. W. Mellor, "Food Price Policy and Income Distribution in Low-income Countries", *Economic Development and Cultural Change*, Vol. 27, No. 1, 1978.

Meng, X., "The Role of Education in Wage Determination in China's Rural Industrial Sector", *Education Economics*, Vol. 3, No. 3, 1995.

Wang Yang, "Income Uncertainty, Risk Coping Mechanism and Farmer Production & Management Decision: An Empirical Study from Sichuan Province", *Agriculture and Agricultural Science Procedia*, Vol. 1, 2010.

后 记

农民收入问题作为能体现"三农"问题的核心问题与关键性尺度，长期以来是社会的热点问题，亦是学术研究领域的"常青树"问题。在经济快速发展中，农民群体出现了明显的职业分化倾向，且这种趋势将在长期时间内存在，并对收入问题产生直接的影响效应。本书基于以上思考，在恩师郭庆海教授的指导下，选择从职业分化视角入手，研究农民收入问题，这是对农民收入情况分类研究的尝试。本书稿主要是在博士学位论文基础上整理而来的，论文是在导师郭庆海教授的悉心指导下完成的，从论文选题、框架拟定、论文撰写直至论文完成，每个环节都倾注着导师的心血。师从郭庆海教授以来，无论学习、工作，甚至生活方面，我都得到了导师无微不至的关怀。导师渊博的知识、敏锐的洞察力、严谨的治学和虚怀若谷的学者风范令我敬佩，特别是在学术上的精益求精和忘我敬业的精神一直激励着我努力学习与研究，并将使我终身受益。在此，向我尊敬的恩师致以衷心的感谢！

在学习期间，学院的许多老师在专业课程与论文写作上给予了指导和帮助，使我的专业素养得到提高，也使得论文能够以更好的质量呈现。在学期间，也得到了同届同学的关心和帮助，对他们表示感谢。同时也要感谢在数据资料获取方面给予大力支持与热情帮助的单位、个人、同学与朋友。感谢开题、评审、答辩等环节诸位专家的指导斧正！在这里，也请恕我未能一一提及。

在该书的写作过程中，也离不开工作单位吉林财经大学给予的帮助、支持与关怀，是单位提供给我再次学习深造的机会，更是单位提供给我人生进步与努力发展的平台，期盼吉林财经大学明天更美好。同时也要感谢领导、同事的帮助，是您们的热情与鼓励，让我有了坚持的勇气与前进的毅力。当然，还有很多未能一一提到的朋友，对于他们无私的帮助也表示深深的感谢！唯以努力工作才是回报的最佳途径。

还要把特别感谢献给我的家人，尤其是我的爱人。因我忙于本书稿的写作与修改，她担起了繁重的家务，还要照顾女儿，陪她玩儿，辅导她学习，而且在写作过程中还帮我整理数据、纠偏矫错。女儿长大了，懂事了，乖巧了，更可爱了，明白了我在忙"毕业"，因为，"说好了要一起毕业的，我都毕业了"。感谢父母，无论何时，他们都给予我莫大的鼓励、支持和爱护，感谢父母养育之恩，感谢他们为我做的一切，父母无私的爱将是我未来前进路上的不竭动力。感谢岳父岳母为我的家庭所做的付出，是您们为我养育了一位温和贤惠的人生伴侣。

最后，感谢中国社会科学出版社的工作人员对本书出版付出的艰辛工作。还要感谢学术前辈的前期研究成果，这成为开展本研究的阶梯，是完成本书稿的重要保障。

我将严格要求，追求进步，用更好成绩回报成长路上的贵人！

学术道路上，我信仰虚心请教，勤奋努力，精益求精，严以治学。然而，农民收入问题与农民职业分化的结合，增加了问题的复杂性与多样性。由于笔者水平所限和相关研究资料的不足，书中会存在一些不妥和疏漏之处，恳请各位读者不吝赐教。

刘乃安
2018 年 10 月